Wolfgang Schneller

Weil wir im Herzen Pilger sind

topos taschenbücher, Band 1076
Eine Produktion des Matthias Grünewald Verlags

Wolfgang Schneller

Weil wir im Herzen Pilger sind

Christsein wächst auf dem Weg

topos taschenbücher

Verlagsgemeinschaft topos plus
Butzon & Bercker, Kevelaer
Don Bosco, München
Echter, Würzburg
Matthias Grünewald Verlag, Ostfildern
Paulusverlag, Freiburg (Schweiz)
Verlag Friedrich Pustet, Regensburg
Tyrolia, Innsbruck

Eine Initiative der
Verlagsgruppe engagement

www.topos-taschenbuecher.de

Bibliografische Information der Deutschen Nationalbibliothek
Die Deutsche Nationalbibliothek verzeichnet diese Publikation in der Deutschen Nationalbibliografie; detaillierte bibliografische Daten sind im Internet über http://dnb.d-nb.de abrufbar.

ISBN 978-3-8367-1076-3

Umschlagabbildung: Gena Melendrez/Shutterstock.com
Einband- und Reihengestaltung: Finken & Bumiller, Stuttgart
Herstellung: Friedrich Pustet, Regensburg
Printed in Germany

Inhalt

Zum Geleit

Dieses Buch ist für Pilger geschrieben. Für Pilger im weiteren Sinne: für Menschen, die sich „auf dem Weg“ wissen, mit unterschiedlichen Überzeugungen und Zielen, nicht fixiert auf Traditionen, Erscheinungsformen und Tagesmeinungen. Es ist außerdem geschrieben für „Pilger im Glauben“, insbesondere für Christen, die selbstbewusst aus ihren konfessionellen Wurzeln leben und doch das Vorläufige, noch nicht Abgeschlossene ihres religiösen Weges spüren, die wach, kritisch und offen bleiben wollen für das Heute Gottes. Ihnen ist es sehr sympathisch, dass die ersten Christen nach dem Zeugnis des Neuen Testaments *„die vom Neuen Weg“* oder *„die Anhänger des (neuen) Weges“* genannt wurden.

Dieses Buch soll ein Zeugnis gläubig-suchenden Vertrauens sein, selbstverständlich schöpfend aus der christlichen Botschaft, katholisch-allgemein, dynamisch im Sinne seines innersten Wesens, nämlich der Pilgerschaft. Christ *sein* heißt ja immer Christ *werden*. Mein Christsein ist gewachsen aus der bodenständigen Gläubigkeit meiner Familie, es wurde inspiriert, aber auch belastet von vielerlei Einflüssen, und es ist durch Brüche und Wüstenerfahrungen gereift. Auch in den vielen Jahren als Mitarbeiter im kirchlichen Dienst, die mir viele Einblicke in innerkirchliche Strukturen vermittelten, in viel Kostbares und Großartiges, aber auch in menschliche Schwächen gerade in kirchlichen Ämtern, bin ich doch katholischer Christ geblieben, fröhlich, optimistisch, wach für Visionen. Als gelernter Kaufmann wusste ich meinen gesunden

Menschenverstand auch dort zu gebrauchen, wo andere nach Theologie gefragt haben. Auf der Suche nach geistiger und spiritueller Vertiefung wurden mir Laien wie Priester mit ihrem Lebens- und Glaubenszeugnis unschätzbare Weggefährten.

Drei Impulse möchte ich besonders hervorheben, die mir die Liebe zur Kirche einerseits und ein fundiertes christliches Selbstbewusstsein andererseits vermittelt haben: der *Cursillo de Cristiandad* (deutsch: *„Kleiner Kurs über das Christsein"*), ein dreitägiges intensives Glaubenserlebnis und die daraus sich entfaltenden Freundschaftsgruppen; das tägliche Sitzen in der Stille, in das mich in den Siebzigerjahren der Jesuitenpater Enomiya Lassalle SJ und Karlfried Graf Dürckheim mithilfe der Zen-Meditation einführten, und der Jakobsweg nach Santiago de Compostela, durch den ich eine ursprüngliche, faszinierende Kraftquelle der Erneuerung für Menschen auf dem Weg – ganz besonders für Christen – kennenlernte.

Jesus fordert uns dazu auf, die *„Zeichen der Zeit zu deuten"* (vgl. Lk 12,56–57). Eines der Zeichen unserer Zeit – gewiss nicht spektakulär, aber doch seit Jahrzehnten zu beobachten – ist der mehr und mehr anschwellende Pilgerstrom vieler Menschen, die sich über die „Jakobuswege" quer durch Europa auf den Weg nach Santiago de Compostela begeben. Es sind Junge und Ältere, Einzelgänger und Gruppen, Familien und Paare, Gläubige unterschiedlicher Konfessionen und Religionen und sehr viele Suchende. Auch wenn manche von ihnen sich als religionslos oder Atheisten bezeichnen, machen sie in der Regel doch kein Hehl daraus, dass sie spirituellen

Fragen nachgehen und dass ihnen Stille und Einkehr in den Kirchen ebenso wie die Gastfreundschaft und liebevolle Begleitung unterwegs wichtige Hilfen wurden, um ihr Ziel zu erreichen.

Mit meiner Frau zusammen habe ich mehr als drei Jahrzehnte lang viele Menschen auf dem Weg nach Santiago begleitet. Dabei sind wir nicht nur Wegstrecken zu Fuß gegangen, sondern sind vor allem Zeugen von Lebens- und Glaubenswegen geworden, die wir erschließen und begleiten durften. Wir erkannten, dass gerade dieser Weg nach Santiago de Compostela vielen zu einem Modell, zu einem Symbol ihrer Lebens- und Glaubensexistenz wurde. Auf keinem anderen Wallfahrtsweg haben wir solche Erfahrungen von Verwandlung, von Auf- und Umbrüchen, von Umkehr und Heimkehr erlebt.

Dies alles hat mich nun bewegt, einige Akzente des christlichen Glaubens auf dem Hintergrund des Jakobsweges zu beleuchten. Ich werde wenig schreiben über die Strapazen des Weges und die subjektiven Erlebnisse der Pilger auf ihrer wochenlangen Wanderschaft. Solche Pilgerberichte füllen bereits Regale. Mich bewegt mehr, wie wir als „Menschen auf dem Weg“ über den Glauben nachdenken und neue Zugänge finden können zu den oftmals verschütteten Quellen christlichen Lebens. Denn das ist ja das Eigentliche und Wesentliche der Pilgerschaft. Sie ist nicht so sehr eine Sache der Füße als vielmehr des Herzens.

So lade ich Sie ein, sich auf die Schritte, Rhythmen und Etappen dieses Buches einzulassen wie auf eine Pilgerschaft. Jeder Pilgerweg, ob man ihn zu Fuß, mit dem Rad, mit dem Auto oder auch in dieser Buchform zurücklegt, ist ein Wagnis, und er beginnt immer mit dem Ja zum ersten Schritt. Dabei gilt auch, dass nicht der Weg das Ziel *ist*, sondern dass der Weg ein Ziel *hat*: das große Ankommen und Erwartetwerden.

Die Stationen dieses Buches orientieren sich an der Themenfolge und inhaltlichen Dynamik des *Cursillo* mit seiner großartigen geistig-geistlichen Logik. Dennoch bleibt dieses Buch etwas Vorläufiges, Unvollkommenes. Es beansprucht keinerlei dogmatische Beweiskraft. In ihm schwingt die Melodie der Pilgerschaft, die nur die eine Absicht verfolgt: dazu einzuladen, mit auf den Weg zu kommen. Auf den Weg, der uns lehrt und hilft, in allen Dingen Gott zu suchen und zu finden: in der Natur am Weg den Reichtum der Schöpfung Gottes zu entdecken; in den Menschen, die uns begegnen, sein Gesicht; in dem Bedürftigen, dem wir helfen, die Kraft, die uns zu Schenkenden macht; in der Krankheit die Eröffnung neuer Lebensräume; im Tod das Hineingeborenwerden in das Sein Gottes. Wie der Pilger jeden Tag willkommen heißt als einzigartige Gelegenheit neuen Lebens, so wünsche ich auch meinen Leserinnen und Lesern, dass sie in diesem Buch finden, was ihrem „Unterwegssein" neue Horizonte eröffnen kann: mit anderen Augen den Alltag so zu sehen, wie er ist, aber auch mit seinem inneren Licht und mit der Kraft, ihn auszuhalten. Ich wünsche allen, dass sie die Einmaligkeit ihres eigenen Lebens als unwiederholbare Chance erkennen, um an diesem konkreten Punkt der Menschheitsgeschichte für die Geborgenheit inmitten der Ewigkeit Gottes zu danken und jeden Tag zu einem neuen Aufbruch zu nutzen. Warum? Weil wir im Herzen Pilger sind!

Allen, die das Entstehen dieses Buches mit ihren Anregungen, mit geduldiger, liebevoller Kritik und mit ermutigenden Worten begleitet haben, gebührt mein herzlicher Dank.

Wolfgang Schneller

Begegnung mit sich selbst

Was suchen Sie?

Was suchen Sie hier? Diese etwas provokante Frage habe ich oft in der Begrüßungsrunde unserer Kurse an die Teilnehmenden gerichtet, ebenso an Pilgergruppen am Abend vor unserem Aufbruch auf den Jakobsweg. *Was sucht ihr?*, fragt auch Jesus zwei Jünger, die sich ihm anschließen wollen (Joh 1,38). Es ist wichtig, am Beginn einer Unternehmung, in die ich viel Zeit, Kraft und oft auch Geld investieren will, nach den tieferen Motiven zu fragen, nach der Kraft, die mich umtreibt, die mich unruhig werden ließ und ermutigt hat, mich auf den Weg zu machen und mich Neuem zu öffnen. Der äußere Aufbruch bliebe oberflächlich und auf Dauer erfolglos, ginge ihm nicht ein innerer Aufbruch voraus, wäre da nicht ein Suchen und Fragen im Tiefsten des Seins, vielleicht noch nicht einmal sehr bewusst und abgeklärt, aber doch spürbar und authentisch.

Was suchen Sie hier? Diese Frage trifft oft den Kern der momentanen Befindlichkeit mancher Menschen: Ja, was suche ich wirklich? Wenn man eine Weile mit Menschen zusammen unterwegs ist, wenn die gewohnten Ablenkungen wie Terminkalender, Telefon, berufliche und familiäre Verpflichtungen oder Abhängigkeiten allmählich zurückweichen, wenn sich mehr Gelassenheit ausbreitet und das verkopfte Vielerlei den inneren Sinnen wieder mehr Lebensraum lässt, dann treten Stück für Stück die Beweggründe hervor, an denen sich so etwas wie existenzielles Suchen festmacht. Meistens kommt das Profil solcher Suchbewegung beim Gespräch im Gehen zum Vorschein, sei es in Seminarpausen, bei Spaziergängen – noch besser bei längeren Wanderungen im Freien, am besten dann, wenn man nicht nur ein paar Tage, sondern Wochen miteinander unterwegs ist. Diese Zeit ist notwendig – im wahrsten Sinn des Wortes. Der Mensch leidet Not, wenn er für sein Eigentliches, Wesentliches nicht mehr genügend Zeit hat. Der Mensch braucht Zeit für sich und seine inneren Erkenntnis- und Suchprozesse; er braucht Zeit, überhaupt zur Ruhe zu kommen; er braucht Zeit, um die Hemmschwellen in sich selbst zu orten, anzunehmen und ernst zu nehmen. Der Mensch braucht Zeit für seine Suche nach dem Sinn hinter allem Suchen.

Deshalb rate ich auch Ihnen als Leser und Leserin dieser Gedanken: Legen Sie ab und zu dieses Buch beiseite und gestatten Sie Ihrer Seele, Ihrem inneren Empfinden, Fühlen und Horchen eine gewisse Rast. Wenn es Ihnen hilfreich erscheint, machen Sie sich Notizen. Halten Sie wichtige, kostbare Einsichten für den Moment ruhig fest. Sie werden so manches davon auch wieder entlassen dürfen, wenn Wichtigeres an seine Stelle treten will. Was suche ich – heute – hier und jetzt? Worauf will ich besonders achten? Wohin führt die Spur meiner Suche?

Ich möchte Sie bei der Lektüre dieses Buches einladen, an meiner Seite mitzuwandern wie ein Pilger, denn mir scheint, die Metapher „Pilgerschaft“ eignet sich wie kaum eine andere für die Erschließung des einen Wesentlichen, um das es in diesem Buch geht: um die Erfahrung christlichen Seins als die Lebenskunst, wie man sich selbst, Gott und die Welt und den alles umschließenden Lebenssinn erkennen – oder doch erahnen – kann.

Der Einstieg ist jetzt. Die Jakobspilger, die sich vorgenommen haben, in etwa 30 Tagen von *St.-Jean-Pied-de-Port* über den Pyrenäenpass *Ibañeta* (1100 m) oder von *Oloron-Ste-Marie* aus über den *Somport*pass (1648 m) die rund 800 km nach Santiago de Compostela zu wandern, sehen und spüren am ersten Tag nur die Last der scheinbar unüberwindlichen Gebirgswände vor sich. Ähnliches spielt sich in uns auch bei anderen Vorgängen ab. Was uns fremd, neu, unbequem oder unberechenbar erscheint, kann Ängste auslösen. Anfangen scheint noch relativ leicht. Der erste Schritt ist schnell getan. Aber wenn sich auf einmal äußere und innere Widerstände einstellen, der Rucksack anfängt zu drücken, sich die ersten Blasen ankündigen, der Regen nicht aufhört oder die Herberge überfüllt ist, bohren sich Fragen wie Dornen ins Bewusstsein. Eine der harmlosesten von ihnen lautet: Warum nur tue ich mir all das an? Der Weg lässt grüßen. Und der Pilgerführer ruft – wie einst im Mittelalter: *Ultreia* – auf geht's – brich auf – mutig voran!

Sich selbst erkennen

Als ich einmal vor Jahren – noch zu DDR-Zeiten – am Grenzübergang bei Plauen dem Volkspolizisten meinen Führerschein zeigte, der mein damals über 20 Jahre altes Passbild trug, gingen seine Blicke einige Male zwischen Foto und meinem Gesicht hin und her, bis er mir die Papiere schließlich mit leicht spöttischem Lächeln zurückgab: „Nein, wie man sich doch verändern kann!"

Ein Foto reicht bei Weitem nicht aus, um zu zeigen, wer und was ich bin. Wer bin ich wirklich? Diese uralte Frage des Menschen beschäftigt uns auch hier und heute – im Grunde jeden Tag. Der tägliche Blick in den Spiegel sagt viel – und doch längst nicht alles. Meine Augen schaffen es nicht einmal, mich von hinten zu sehen – dazu benötige ich einen zweiten Spiegel als Hilfsmittel. Mein Körperinneres kenne ich noch weniger: aufgeschürftes Fleisch, wenn es blutet, Säfte, Ausscheidung, vielleicht noch ein paar Röntgenaufnahmen, Ultraschallbilder – immerhin! Ich war tief beeindruckt, auf diese Weise schon einmal mein Herz schlagen zu sehen. Aber mein Innerstes, meine Person? Mein Kern – mein Wesen? Was macht mich zur Persönlichkeit? Wer bin ich? Und warum bin ich, wie ich bin?

Das Zweite Vatikanische Konzil sagt: *„Jeder Mensch bleibt vorläufig sich selbst eine ungelöste Frage, die er dunkel spürt"* (Gaudium et Spes, 21). Es gibt viele Menschen, die dieser ungelösten Frage ausweichen, sie verdrängen, in gewisser Weise ständig sich selbst aus dem Weg gehen. Aber wenn es eine Frage gibt, der wir unbedingt auf den Grund gehen müssen, dann diese nach unserer eigenen Identität, nach unserem Selbst. Wert und Sinn unseres Daseins entscheiden sich an dieser Frage und an der Antwort, die wir dazu finden.

Eine uns oft gestellte Frage – die wir auch anderen stellen – lautet: „Wie geht es dir?" Darin steckt eine uralte menschliche Weisheit: das Lebenswissen um den Wegcharakter des Menschseins. Sie sagt, dass vieles besser geht, wenn man geht. Konkreter ausgedrückt: Wandern oder noch genauer „Pilgern" machen dem Menschen „Lust zum Leben". Der Pilger – der Mensch also, der „im Gehen ist", der Mensch, der sich unterwegs weiß – kommt der Erkenntnis seiner selbst immer näher.

„Es" geht in mir und mit mir. Da ist eine Kraft, die in meinem Leben wirksam ist, die nicht aus mir selbst kommt, die einfach da ist, nicht gemacht, nicht erworben, nicht einmal gewollt. Sie ist da und wirkt. Sie ist da und arbeitet in mir. Sie ist da und schafft Bewegung: in mir, durch mich und zu anderen hin. Aus dieser Kraft entwickelt sich eine Achtsamkeit für das Dasein überhaupt. Es ist eine Kraft, die mich staunen lehrt. Sie öffnet mir innere Tore der Erkenntnis: Ich bin einmalig – so, wie ich bin. Dieses „Es" tönt in mir und durch mich hindurch mit einer nur mir eigenen „Melodie", mit einem nur mir eigenen „Duft", mit meinem einzigartigen Gesicht, in meiner unwiederholbaren „Gestalt". Eine „Persönlichkeit" nennen wir jemanden mit einer besonderen Ausstrahlung. „Person" kommt vom lateinischen Verb *personare*, was übersetzt werden kann mit *hindurchtönen*. Und: *persona* kann sowohl „Maske" als auch „Charakter" bedeuten. Was klingt in meiner Person durch?

Eine solche Frage lenkt in der „Begegnung mit mir selbst“ den Blick auch auf die Schattenseiten meines Seins: dunkle Eigenschaften und Neigungen, Ängste und Schwächen. Es ist Ererbtes und Gewordenes, schuldlos Erfahrenes und schuldhaft Verursachtes; verheilte Wunden und bleibende Narben; verdrängte und schmerzhaft wiederkehrende Erinnerungen; Erlittenes und Bestandenes; viele offene Fragen nach dem Warum und Wozu. Nicht zugelassene Wut und resigniertes Achselzucken; im Zorn gefällte Entscheidungen und dummer Stolz, der Versöhnung verhindert. Ich schaue meine Schattenseite an, vielleicht traurig, aber nicht verzweifelt, vielleicht enttäuscht, aber mit der Trotzkraft des Geistes und ahnungsvoll offen für neue Anfänge. Denn auch in Schattenkräften steckt Lebenskraft. Ich bleibe nicht stehen bei der Klage über meine Defizite, sondern begreife: Das gehört *auch* zu mir, aber das ist nicht alles. Es ist nicht mein Lebensganzes. Vielmehr kommt es darauf an, alles, was mir auch an Dunklem eigen ist, anzunehmen, wie es ist, ohne mich davon lähmen zu lassen.

Es bedarf im wahrsten Sinn des Wortes der Umkehr: Denn wenn ich mich zur „Sonne“ wende, fallen die Schatten hinter mich. Bejahe ich die lichtvollen Seiten meiner Person, meines Wesens ebenso wie den Schatten, gewinne ich eine Balance, die beide Seiten befriedet. Ich versöhne mich mit meiner Zwiespältigkeit und Mehrdeutigkeit und gestehe ihr zu, Teil meines Lebens zu sein. Zu diesem Neuwerden gönne ich mir Geduld, viel Zeit. So wird „Persönlichkeit“.

Manche übersehen vor lauter Dunklem die helle Seite ihrer Person. Sie ist jedoch ebenso wie der Schatten meiner ganzen Aufmerksamkeit würdig und wert. Niemand hat so wie ich die Chance, Mensch zu sein in meiner einzigartigen Existenz; niemand kann so lachen, so lieben, so sprechen wie ich. In keinem anderen Menschen stecken Gene wie die meinen, keiner hat Anlagen, Fähigkeiten und Möglichkeiten, so wie ich sie habe. Ich habe die unwiederholbare Chance, Mensch zu sein, Original zu sein, wie auch die mehr als sechs Milliarden Menschen auf dieser Welt. Welch eine Vision für die ganze Menschheit!

So wie ich als Pilger mit jedem Schritt, mit jedem Kilometer Landschaften und Wege hinter mir lasse und offen werde für neue Wegabschnitte, neue Sichtweisen, neue Eindrücke und Erfahrungen, so kann dieses „Auf-dem-Weg-Bleiben" auch meinen Alltag und die „inneren Landschaften" meiner Persönlichkeit prägen. Vergangenes zurücklassen, was neu auf mich zukommt, zuversichtlich an mich herankommen lassen ohne Furcht, ohne Vorurteil, ohne vorschnelle Zurückweisung. Wenn ich mich erkenne und annehme in meiner ganzen Armut und in zugleich unverlierbarer Würde, kann ich mich auch gerufen und erhoben wissen zu einer grenzenlosen Fülle und Freude. Der Weg und das Auf-dem-Weg-Bleiben werden mir so allmählich zu einem Ort der Verheißung und der Verwandlung.

Wegkreuzungen

Es ist immer ein spannender Moment, wenn man mit einer Pilgergruppe an eine Weggabelung ohne ausreichende Beschilderung kommt. Die einen bleiben stehen und richten einen fragenden Blick zum Pilgerführer. Andere gehen unbekümmert in eine Richtung weiter – mal haben sie „Glück", mal müssen sie zurückgerufen werden, weil sie sich falsch entschieden haben. Wenn früher Pilger auf ihrem Weg nach Santiago merkten, dass sie in die verkehrte Richtung gegangen waren, sagten sie zueinander: *„Das ist nicht der wahre Jakob."* Was so viel heißen soll wie: Dieser Weg führt nicht ans Ziel; so kommen wir nicht zum heiligen Jakobus und seiner Stadt. Wir müssen umkehren.

Nicht von ungefähr sind an Kreuzungen wichtiger Pilger- und Handelsstraßen auf dem Weg nach Santiago Herbergen, Hospize und Klöster entstanden. Man kannte die Tragik falscher Wege und die Folgen von Verirrungen, die das Leben bedrohten.

Die biblische Parabel vom verlorenen Sohn (Lk 15,11–32), die man heute eher als die vom barmherzigen Vater ansieht, könnte auch als die Geschichte falsch gewählter Wege verstanden werden. Sie lässt sich als eine Zusammenfassung des gesamten Evangeliums lesen und zeigt, welches Gottesbild uns Jesus vermitteln wollte. Es ist der rote Faden, der sich durch seine Lehre zieht und aus dem das Christentum gewoben ist. Die Kernbotschaft lautet: Es gibt keinen Weg, den Gott nicht mitgehen würde, und deshalb gibt es aus der Sicht Gottes keinen verlorenen Sohn, keine verlorene Tochter! Wer das Gegenteil behauptet, trägt ein viel zu enges Gottesbild in sich. Es gibt viele, denen es zu Hause zu eng wird, die meinen, sich befreien zu müssen von Tradition und familiären Zwängen, von Bindungen und Verpflichtungen. Wir wissen, dass gelingendes Leben nicht ohne „Zwänge" auskommt. Wer nur die Befreiung von Zwängen sucht, begibt sich oft in neue Fesseln. Es gibt die falschen Entscheidungen an Wegkreuzungen, die in Umwege, Irrwege oder Sackgassen führen.

Vor allem aber gibt es den Vater, der seine Kinder weise und großherzig in die selbstgewählte Freiheit entlässt – auch wenn sie sich als Unfreiheit erweist. Sein Herz bleibt offen und weit genug, um warten zu können auf die Stunde der Umkehr und Heimkehr der Verirrten. Denn beide Söhne waren „verloren" – der Jüngere, der mit dem ausgezahlten Erbe davonzog, wie auch der im Nest und in seiner Selbstgerechtigkeit hocken gebliebene, nur scheinbar treue ältere Sohn, der sich von der Großherzigkeit des Vaters nicht wirklich berühren ließ. Der Vater kann warten – mehr noch, er kann dem Sohn, der von den Schweinen kommt, entgegenlaufen, ihn umarmen, küssen, er kann ihn gar nicht schnell genug neu einkleiden, ihm den Ring an den Finger stecken, ihm Schuhe anziehen und ihn von Neuem als Erben einsetzen. Und er geht auch zum Älteren hinaus, zu dem, dessen seelische Fremde und Verlorenheit vielleicht noch tiefer reichte, weil er an die bedingungslose Liebe des Vaters nicht glauben konnte.

Nicht wenige Pilger auf dem Jakobsweg sind auf der Flucht, vor ihrem Zuhause vielleicht, vor leidvollen Situationen, vor Konflikten, oft auch vor sich selbst. Es dauert manchmal lange, bis es zur Krisis kommt, in der der Mensch merkt, wie tief er „in die Fremde“ (im Mittelalter hieß *pilgern* auch *ins Elend gehen*) geraten war. Ein Pilger bekannte mir einmal unterwegs: *„Es war wie ein Schock, als mir plötzlich aufging, wie lange ich dem Sog des Negativen nachgegeben hatte, und zu entdecken, wie aus der Überheblichkeit, die ich meinte zur Schau stellen zu müssen, nichts als Ängste geboren wurden: die Angst vor der Sinnlosigkeit, die Angst vor der Vereinsamung, letztlich die Angst vor der Vernichtung.“*

Wenn Idealbilder in einem Leben zerbrechen, wenn Grundnöte aufbrechen wie Ackerfurchen, dann kann etwas Neues entstehen; dann können scheinbar unüberwindliche Mauern sich wandeln zu Stufen, die in Neuland führen. Die kreativste Kraft für eine neue Sicht der Wirklichkeit ist immer die Liebe: *„Ich will aufbrechen und zu meinem Vater gehen“*, sagt der aus der Trostlosigkeit erwachende Sohn (Lk 15,18). Er erinnert sich der Liebe. Er überwindet den Sog des Misstrauens, des Ekels vor sich selbst, der Verweigerung der Liebe, und er kehrt heim. Er kehrt zur Wegkreuzung zurück und geht den neuen, den richtigen Weg – nach Hause. Wir müssen doch ein Fest feiern!

Ansehen

Manche Dinge im Leben bleiben unvergesslich. Dabei handelt es sich oft nur um Augenblicke, um ganz kurze Momente. Mir ist ein Erlebnis noch frisch und unmittelbar gegenwärtig, das Jahrzehnte zurückliegt: Während eines Romaufenthalts stieg ich einmal beim Bahnhof Termini mitten in der Hauptverkehrszeit im Gewühl von vielen Menschen die Treppen hinunter zur Metro. Ebenso viele strömten herauf. Plötzlich kam eine bildhübsche junge Frau auf mich zu, mit offenem, fein geschnittenem Gesicht, höchstens zwanzig. Unsere Blicke trafen sich, wir lächelten uns zu – nur für diesen Moment des Vorübergehens – und schon waren wir aneinander vorbei, sie war vom Strom der vorwärtsdrängenden Menge wie fortgespült – aus den Augen. Ich werde diese Begegnung, diesen Blick, diesen ganz und gar einzigartigen, absichtslosen Augen-Blick nie vergessen.

Eine typische „Unterwegs-Begegnung"? Vielleicht. Ich nenne sie nicht flüchtig, sondern einmalig. Intensiv. Einfach unvergesslich. Wenn man auf dem Jakobsweg unterwegs ist – und sicher auch anderswo –, ereignen sich solche Begegnungen auch. Man trifft sich, geht vielleicht eine Weile miteinander, versteht sich, verliert sich wieder aus den Augen, trifft sich am Abend oder am nächsten Tag wieder in einer Herberge – manchmal nie wieder. Und doch hinterlässt manches Zusammentreffen bleibende Spuren, es geht ein in den Schatz unserer Erfahrung.

Das Neue Testament berichtet von einigen Begegnungen, in denen Jesus Menschen anschaut – im Gegenüber mit dem reichen jungen Mann heißt es sogar: *„Er gewann ihn lieb"* (Mk 10,21). Als der sich traurig abwandte, weil er der Einladung zum Verzicht auf seine irdischen Güter nicht folgen wollte, ging der Blick Jesu zu seinen Jüngern. Welche Dramatik mag in diesen Blicken gelegen haben! Provokation? Trauer, Enttäuschung, Hoffnung?

Einen ganz anderen Blick Jesu lässt uns das Matthäus-Evangelium erahnen, als Judas Jesus im Ölgarten umarmt und küsst (Mt 26,50). Wie blickt man einen Menschen an, der eine intime Berührung, ein Zeichen vertrauter Freundschaft für einen Verrat missbraucht? *„Freund, dazu bist du gekommen?"*, fragt ihn Jesus ernst. Ein wenig später wird von einem anderen Blick berichtet: *„Da wandte sich der Herr um und blickte Petrus an"* (Lk 22,61). Petrus hatte gerade eben noch aus Angst, als Jünger Jesu erkannt zu werden, seinen Herrn dreimal verleugnet: *„Ich kenne diesen Menschen nicht!"* (Lk 22,54–62). Und das, obwohl er ein paar Stunden zuvor empört der Ankündigung Jesu widersprochen hatte, der voraussah: *„... noch ehe der Hahn kräht, wirst du mich dreimal verleugnen!"* – *„Nein, Herr, ich bin bereit, mit dir in den Tod zu gehen!"* (Lk 22,31–34) Jetzt, im Augenblick des Verrats, trifft der Blick Jesu den Petrus bis ins Mark: Er erschüttert sein Innerstes. Das Evangelium legt Wert darauf zu berichten: *„Er ging hinaus und weinte bitterlich"* (Mt 26,75). Ein Blick, der selbst in der persönlichen Niederlage, im Eingeständnis der eigenen Erbärmlichkeit zurückführt zur eigenen Würde. Blicke können entwürdigen. Blicke können in den Schmutz ziehen und verurteilen. Blicke können aber auch Ansehen vermitteln – über alle schuldhaften Verhaltensweisen hinaus.

Jesus will mir sagen: *Scheue nicht vor meinem Blick zurück. Scheue dich nicht vor dem reinigenden Bad der Tränen. Du einmaliger Mensch hast Ansehen bei mir. Du bist geliebt, so wie du bist und zugleich so, wie du noch werden kannst. Lass das noch Verborgene, die noch unerschlossenen Kräfte, das, was in dir noch nicht zum Leben erwacht ist, zum Vorschein kommen! Du bist geliebt, gewollt, getragen, geborgen von meinem unwiderruflichen Ja. Weil du angeschaut bist, hast du Ansehen vor mir, deinem Gott, eine Würde, die dich in meinen Augen unendlich kostbar macht.*

Weil es Gott – entgegen anderslautenden, rückwärts gewandten Meinungen – nicht um kleinliches Festhalten an Normen, Geboten oder Dogmen geht, sondern um die Antwort der Liebe, schenkt er sich immer großzügig und ganz.

Im Blick Gottes geht es ums Ganze, um Ganzheit und um Ganz*werden* – nie um das Festhalten des brüchigen Hier und Jetzt. Im Bewusstsein des Angeschautwerdens, des Lebens unter dem liebenden Blick Gottes, werde ich frei von allem ängstlichen Mich-selbst-festhalten-Müssen. Umfangen von der Zuwendung Gottes kann ich weitergehen auf dem Weg der großen Sehnsucht. Dieser Weg findet sein Ziel, seine Erfüllung bei dem, der zu dir und zu mir sagt: *Wie gut, dass du da bist, wie gut, dass es dich gibt.*

Ich möchte es am Bild der Brücke festmachen: Der Blick von Mensch zu Mensch schafft eine Brücke – vielleicht nur ganz kurz wie in der oben erzählten römischen Episode. Dem Blick folgt vielleicht ein Handschlag – die Brücke von Mensch zu Mensch verstärkt sich, zwei Leben, zwei Kräfte begegnen sich. Was im Blickkontakt begonnen hat, vertieft sich dann und wann in einem Gespräch, setzt sich fort im Austausch von Erfahrungen und findet vielleicht zum Höhepunkt im Miteinanderteilen von Brot und Wein in der Herberge. Viele Pilger erinnern sich daran, dass dieser Brückenschlag von Mensch zu Mensch zum Kostbarsten ihrer Pilgerschaft gehört.

Darum liegt dieser Gedankenschritt nahe: Wie spüre ich, dass Gott mich anschaut? Ich meine nicht das Dreieck mit dem Auge Gottes in alten Bildern, das Generationen das Fürchten gelehrt hat: *„Ein Auge ist's, das alles sieht, auch was in dunkler Nacht geschieht."* Einem solchen angsteinflößenden Gottesbild wusste sich ein kluges Kind auf seine Weise zu entziehen: *„Der liebe Gott sieht zwar alles – aber er petzt nicht!"* Nein, sich unter dem Blick Gottes zu wissen, darf nichts Bedrohliches an sich haben, sondern genau das Gegenteil: Gottes Blick will mich glücklich sehen. Gott schaut mich an als sein Eigenes. Er will mich öffnen für sein Werk der Verwandlung auf meinem Weg. Alles, wirklich alles kann ich diesem Blick hinhalten: meine Sehnsüchte, Leidenschaften und Träume, meine Lebensgeschichte mit ihrem Auf und Ab, ihrem Reifen und Scheitern, meine Arbeit und mein Streben nach Sinn, meine Niederlagen und Siege, meine Trauer und meine ganze Freude am Leben. Unter Gottes Blick wird alles gut. Diese Brücke trägt und führt mich sicher ans nächste Ufer – dem verheißenen Ziel entgegen.

Ideale

Das Leben ist zu kurz, um keine Ideale zu haben, und lang genug, um wenigstens eines zu verwirklichen. Haben Sie ein Ideal? – Was sind eigentlich Ideale? *„Ein Ideal ist ein erkannter Wert, der alle Kräfte des Menschen beflügelt und von dem er seine Vollendung und sein ganzes Glück erwartet"* – so lautet eine Definition, in die wohl viel Lebenserfahrung eingeflossen ist. Der Duden sagt, ein Ideal sei ein *„dem Geist vorschwebendes Muster der Vollkommenheit; ein als ein höchster Wert erkanntes Ziel"*.

Wenn ich manchmal mit Pilgern auf dem Jakobsweg über die Motive ihrer Pilgerschaft gesprochen habe, bin ich auf ähnliche Definitionen gestoßen. Für einige war es wirklich ein hochgestecktes Ziel – ein Ideal? –, einmal im Leben den ganzen Weg bis Santiago zu Fuß zu schaffen, um am Grab des Apostels anzukommen und möglichst auch noch bis zum *Cabo Finisterre* („Ende der Welt"), zum äußersten westlichen Zipfel Europas, zu pilgern. Aber was soll das? Was bedeutet das einem Menschen von heute? Gilt es etwa, sein Leben zu wagen? Alles daran zu setzen, da gewesen zu sein? Und was ist mit meinem Ideal, wenn ich es erreicht habe?

Aus den Medien erfahren wir tagtäglich, wie uns Ideale glücklich machen sollen: dieses Auto, jene Versicherung, diese Bank, jene Lotterie, die uns riesige Gewinne verheißt. Alle werben sie mit idealen Eigenschaften und Bedingungen, wenn wir nur zugreifen würden. Ideale Wege zum Glück? Wie steht es mit unseren Idealen? Ich denke dabei an einen Neujahrsempfang im Bischofshaus unserer Diözese. Als ich auf eine Gruppe von Prälaten zuging, sagte einer zum andern: „Ah, da kommt unser Herr Schneller, der hat noch Ideale!" Ich war so geistesgegenwärtig zu fragen: „Ja, haben Sie denn keine mehr?" Wo sind unsere Ideale geblieben?

Ein Ideal ist ein erkannter Wert. Was ich als Wert erkenne, spielt eine Rolle in meinem Leben. Ein banales Beispiel: Früher warf man alte Kupferkannen, Wärmflaschen, Bügeleisen oder sonstiges scheinbar nutzloses Zeug einfach weg. Heute bezahlt man viel Geld auf Flohmärkten für kupferne Kessel oder ähnliches Hausgeschirr aus Omas Zeiten. Oder betrachten wir unsere heutige Sensibilität, was die Erhaltung von sauberem Wasser, gesunder Luft und intakter Ökosysteme angeht. In kaum 50 Jahren hat sich unsere Einstufung „erkannter Werte" grundlegend gewandelt.

Was ist aus meinem Ideal geworden? Das ist eine existenzielle Frage. Es hängt immer mit dem Wunsch nach „Vollendung" zusammen, wenn wir uns nach einem Ideal ausstrecken, ob es nun eine Liebesbeziehung betrifft, ein Berufsziel, eine künstlerische oder sportliche Leistung oder eine gute Position im gesellschaftlichen Leben mit abgesichertem Lebensstandard. Oder ist es doch noch mehr?

Als Pilger auf dem Jakobsweg vollzieht man in einer zeitlich überschaubaren Spanne von einigen Wochen oder Monaten das, was grundsätzlich für ein ganzes Menschenleben gilt, gleichsam wie ein Modell: Man legt einen langen, oft beschwerlichen Weg zurück und wird von Tag zu Tag mehr davon erfasst und durchdrungen, über das eigene Leben nachzudenken. Wenn Körper, Seele und Geist sich allmählich an den täglichen Rhythmus von Aufbrechen, Gehen und Ruhen gewöhnt haben, treten tiefere Seelenschichten ins Tagbewusstsein. Träume tun manchmal noch ihr Übriges, um einen Prozess in Gang zu bringen, der zu innerer Klärung verhilft. Und der Pilger lernt neu zu unterscheiden zwischen Entbehrlichem und Notwendigem.

Da ist ein junger Anwalt aus Paris, der sich aus wichtigen Gründen auf den Weg nach Santiago gemacht hat: Er ist dabei, eine eigene Kanzlei zu eröffnen; er will jetzt – in einer persönlichen Auszeit – seine beruflichen Ziele abstecken; und er hat eine junge Frau kennengelernt und will sich prüfen, ob er mit ihr ein gemeinsames Leben gestalten kann.

Da ist ein Arzt, der sich beruflich neu orientieren will. Im Studium noch voller Begeisterung, hat ihn die Zeit als Assistenzarzt in der Klinik ernüchtert und enttäuscht. Sein Ideal, Menschen zu helfen, scheint zwischen den Ansprüchen von Forschung, medizinisch Möglichem und ethischen Vorbehalten auf der Strecke zu bleiben. Ständig muss er Kompromisse schließen angesichts begrenzter finanzieller Ressourcen, hoher Erwartungen der Patienten, ärztlicher Verantwortung und den Vorschriften der Krankenkassen. Wo bleibt da sein Ideal?

Oder die junge Erzieherin, die mit großem Elan in einem Heim für verhaltensauffällige Jugendliche damit begonnen hat, eine Gruppe für besonders benachteiligte Mädchen aufzubauen. Aber die Hürden sind hoch: Immer wieder gibt es Rückschläge mit den renitenten Teenagern, Probleme mit Jugendämtern, Polizei und Gerichten – zum Schluss dann auch noch zermürbende Auseinandersetzungen mit der Heimleitung. Sie kann ihr Ideal nur retten, indem sie sich für eine weitere Qualifizierung als selbstständige Ergotherapeutin entscheidet.

Schließlich mein Freund Hariolf, etwas über 70, der mit der Trauer über den Tod seiner Frau nicht fertig wird und hofft, auf dem Weg nach Santiago Frieden zu finden.

Das sind nur ein paar Beispiele von unzähligen. Wenn wir in Santiago im Rahmen des deutschen Seelsorgedienstes in den täglichen Treffen mit den Pilgern hören, wie sich auf dem Weg solche und ähnliche Ideale in neue Lebensperspektiven gewandelt und vertieft haben, können wir oft nur staunen. Das Wort „Es geht vieles besser, wenn man geht" bestätigt sich hier auf besonders eindringliche Weise.

An dieser Stelle könnten Sie kurz innehalten für die Frage an sich selbst: Welches Ideal habe ich? Was ist mir das Wichtigste? Was in meinem Leben beansprucht die meiste Zeit? Wohin gehen meine Lebensträume, Fantasien, Sehnsüchte? Habe ich ein lohnendes, tragfähiges, bleibendes, unzerstörbares Ideal? Und auch: Wovon habe ich die Nase voll – was nimmt mir die Luft zum Atmen? Wovon müsste ich mich trennen?

Das Ideal ist ein erkannter Wert. Es sammelt und bündelt alle Kräfte im Menschen. Auf dem Jakobsweg gibt es dafür ein besonders schönes Beispiel – gleichsam ein Symbol: Es ist eine kleine romanische Kirche von besonderem historischem und architektonischem Reiz, die viel über das Streben nach Vollkommenheit aussagen kann. Es heißt, sie sei im 12. Jahrhundert von Tempelrittern nach dem Vorbild der Heilig-Grab-Kirche in Jerusalem erbaut worden und habe als Totenkirchlein gedient, das ursprünglich von einem Pilgerfriedhof umgeben war. An dieser kleinen Kirche *Santa Maria de Eunate* in Navarra begegnet man romanischer Architektur in solch idealer Harmonie, dass sich alle Sinne gleichzeitig angesprochen fühlen: das Auge von der Schönheit und Intelligenz der Architektur, das Ohr von der wunderbaren Akustik des Innenraumes, die Hände im Fühlen des warmen, ockerfarbenen, ausgefurchten Steins, in dem eingeritzte Steinmetzzeichen wie flüsternde Stimmen von künstlerischer Genialität und mystischer Begabung sprechen. Und da dieses Kleinod ganz allein – nur von Äckern und Wiesen umgeben – dasteht, sieht es aus, als sei es wie zur Krönung der schönen Navarra-Landschaft geschaffen worden: ein Gotteshaus, in dem der Lobpreis für den Schöpfer und seine Schöpfung wie in einer Sinfonie zusammenklingen: Zeugnis eines Ideals, das über das nur Machbare hinausweist.

Hat also „Ideal" doch mit Vollkommenheit zu tun? Mit Transzendenz? Wenn wir mit unserer Pilgergruppe in der *Eunate*-Kirche gesungen und Eucharistie gefeiert haben, haben wir wirklich etwas von dem Glück empfunden, das von der Gewissheit gespeist wird: Dein Leben ist auf Großes angelegt. Bleib in der Spur des Ideals, das dein Leben füllt und antreibt. Dieses Glück ist auch mit uns gezogen auf weiten Wegen – weiter als nur bis nach Santiago de Compostela.

Gnade – das Ja Gottes zum Menschen

„Es muss doch mehr als alles geben“ – das Wort von Dorothee Sölle ist jedem Menschen aus dem Herzen gesprochen, der ernsthaft über den Sinn seines Lebens nachdenkt. Ihr gleichnamiges Buch trägt den Untertitel *„Nachdenken über Gott“*. Dass ich dem Thema „Ideal“ unmittelbar das Thema „Gnade“ folgen lasse, hat seinen Grund. Zu welcher Antwort haben Sie bei der Frage nach Ihrem persönlichen Lebensideal gefunden? Als sich diese Frage mir selbst vor Jahren stellte, habe ich nicht daran gedacht, Gott als mein schönstes, bestes, wichtigstes, tragfähigstes Ideal zu bezeichnen. Das hat mir zu denken gegeben und mich veranlasst, neu über mein Verhältnis zu Gott nachzudenken.

Wir können froh sein, dass die meisten Gottesbilder, an die sich Menschen halten und an die sie sich vielleicht ängstlich klammern, Einbildungen sind. Dennoch brauchen wir Gottesbilder, auch wenn sie uns oft entgleiten oder zerbrechen. Wie Leib, Seele und Geist dem Prozess des Wachsens und Reifens unseres Lebens unterliegen, so wandeln sich auch unsere Gottesbilder auf den Wegen unseres Suchens und Fragens. Schlimm für einen Menschen, der sich den „lieben Gott“ seiner Kindheit zu bewahren sucht und keinen Zugang findet zum Glauben an einen übermenschlichen Gott.

Wer oder was ist Gott für mich? Einmal vorausgesetzt, dass ein Mensch an ein „höheres Wesen“, das er „Gott“ nennt, glaubt, bleibt die Frage, welche Bedeutung das für sein Leben hat. Die Frage *„Wie geht es dir mit deinem Gott?“* kann zumindest die Überlegung anstoßen: Wer oder was ist denn *„mein*

Gott"? Als wir diese Frage 1980 auf einem riesigen Plakat den Besuchern des Katholikentages in Berlin vor Augen hielten, ließen sich etliche davon ansprechen. Einmal hörte ich, wie eine Frau die Frage halblaut vor sich hin murmelte: *„Wie geht es mir mit meinem Gott?"* Und dann meinte sie: *„Hm, mir geht es gut mit meinem Gott; denn er ist mir nahe. Jeden Tag ist er mir nahe. Ob ich gehe oder ruhe, ob ich arbeite oder verreise – er ist mir nahe. Das tut mir gut."*

Was diese Frau sagte, kommt dem Sinn des Wortes *Gnade* sehr nahe. Der etwas theoretisch anmutende deutsche Begriff ist dem althochdeutschen *genada* verwandt, was so viel wie *nahe sein* bedeutet. Modernen Zeitgenossen ist Gnade bestenfalls noch bekannt im Sinne von „begnadigen" oder „Gnade vor Recht ergehen lassen", also eher im Sinne eines von oben herab gewährten Privilegs der Erlassung von Strafe.

In der Bibel meint „Gnade" sehr viel genauer die Zuwendung Gottes zum Menschen, zum Beispiel zu Maria: *„Du bist voll der Gnade – der Herr ist mit dir!"* (Lk 1,28). In unser Alltagsverständnis übersetzt: Du bist mir unendlich wertvoll. Mit dir will ich Neues wagen.

Maria ist dabei in ihrer Erwählung nicht etwa zum Sonderfall, sondern zum Prototypen des Christen geworden. Denn vor Gott sind wir alle gleich begnadet. Wir sind Gottes geliebte Ebenbilder (vgl. Gen 1,26–27), wir sind Gottes „Gegenüber". Wir sind einander nahe. Gottes Geist ist in uns.

Vom großen Theologen Karl Rahner stammt das Wort: *„Gnade ist die Selbstmitteilung Gottes in Liebe."* Gott teilt sich dem Menschen mit. Seine unerforschliche, unbegreifliche, für uns Menschen unfassbare Natur will sich mit der begrenzten, sterblichen, menschlichen Natur vereinen. Wie ist das zu verstehen? Und was folgt daraus?

Als Kind hat es mich immer fasziniert, unserem Schmied in der Altstadt bei der Arbeit zuschauen zu können. Oft standen bei ihm Pferde in der Werkstatt, die neu beschlagen wurden. Es roch nach Ruß, Kohlen und verbranntem Horn. Immer schaute ich wie gebannt zu, wie unter der fachkundigen Hand des Meisters ein Stück Eisen in der Esse zu glühen begann und wie es dann gebogen und geformt werden konnte.

Dieser Vorgang ist ein sehr sinnfälliges, sicher laienhaftes, vielleicht auch ein wenig triviales Symbol für Gnade: Gottes Natur – das Feuer – teilt sich der Menschennatur – dem kalten Eisen – mit, bis sich beide Naturen verbinden. Das Eisen bleibt Eisen, und doch nimmt es die Natur des Feuers in sich auf. Es kann sein Feuer weitergeben und bleibt doch Eisen. Man kann kein glühendes Stück Eisen in einen Heuschober werfen und der Feuerwehr hinterher erzählen, man habe nur Eisen hineingeworfen. Gnade meint göttliche Hingabe, meint Feuer des Geistes Gottes im Menschenleben. Diese Erkenntnis hat mich tief getroffen, sie hat mein Gottesbild verändert. Ich spüre, dass sie wahr ist. Sie lässt mich nicht mehr los.

Als wir einmal mit unserer Pilgergruppe das romanische Nordportal der Kirche *San Miguel* in *Estella* mit seinen eindrucksvollen biblischen Szenen betrachteten, bekannte mir eine Frau, wie sehr sie Schwierigkeiten mit dem Glauben an Gott habe. Sie habe ihren Kinderglauben aufgegeben, spüre aber eine Leere, die sie nicht zu füllen wisse. Ich gab ihr das Symbol des Eisens im Feuer zur Betrachtung mit auf den Weg. Nach ein paar Tagen kam sie darauf zurück, und mir fiel auf, dass sich ihre Gesichtszüge aufgehellt und sich ihre ganze Körperhaltung gestrafft hatte. Das sagte ich ihr auch. Später, als wir noch einmal darüber sprachen, meinte sie: „*Ich glaube, ich bin kein schlechtes Stück Eisen. Ich fange an zu glühen.*" Wir stellten fest, dass dieses Gespräch mehr war als nur ein Austausch von Informationen. Es ist eine Offenheit füreinander entstanden und eine Einmütigkeit von Herz zu Herz, eine geschwisterliche Nähe. Spontan beschlossen wir, vom „Sie" zum „Du" überzugehen.

Das Bild vom „Feuer im Eisen" macht deutlich, was der Katechismus der Katholischen Kirche so formuliert: Der Mensch ist „gottfähig". Gnade ist also kein bloß theologischer, theoretischer Begriff. „*Das Verlangen nach Gott ist dem Menschen ins Herz geschrieben, denn der Mensch ist von Gott und für Gott erschaffen. Gott hört nie auf, ihn an sich zu ziehen. Nur in Gott wird der Mensch die Wahrheit und das Glück finden, wonach er unablässig sucht*" (Katechismus der Katholischen Kirche I,27).

Beim heiligen Augustinus († 430) und anderen Kirchenvätern findet sich der Satz: „*Gott wurde Mensch, damit der Mensch Gott werde.*" Wenn doch diese tiefe Wahrheit immer mehr dazu führte, dass wir einander zur Menschwerdung verhelfen – als Brüder und Schwestern, mit Gott und untereinander verbunden, sozusagen als „Gott-Verwandte"! Gibt es einen tieferen Grund, „Du" zueinander zu sagen?

Kirche sein heißt Pilger sein

Würde mich jemand auffordern zu erklären, was Kirche ist, fiele mir als Erstes ein: Kirche ist nichts Statisches, Fertiges, Endgültiges. Sie ist immer neu im Werden, sie bedarf immerwährender Erneuerung; Kirche als Ganzes ist eine Pilgerin und sie muss es mehr und mehr werden. Zumindest ist das mein Wunsch, und ich stelle fest, dass sich diese Einstellung immer häufiger in Texten von Theologen, Bischöfen und Päpsten finden lässt.

Die Kirche bricht nicht auseinander, sie bricht nicht zusammen, auch wenn ihr der Wind scharf ins Gesicht bläst. Kirche bricht auf. Sie bricht vor allem auf an der Basis. Was das Zweite Vatikanische Konzil so oft formuliert hat, dass Kirche das „pilgernde Volk Gottes" sei, das vollzieht sich auf den unteren Ebenen zuerst.

Für die einen mag der Aufbruch ein Auszug aus einer Kirche sein, die ihnen nichts mehr zu sagen hat. Für andere ist es der Aufbruch in den Protest gegen eine Kirche, die sich zu weigern scheint, die „Zeichen der Zeit" zu erkennen und zu beantworten. Viele wollen aber ihren Aufbruch nicht gegen, sondern mit der Kirche wagen, mit der Kirche von heute, mit ihren Fehlern, Schwächen, mit dem Allzumenschlichen in dieser unserer Kirche.

Oft habe ich in Kursen erlebt, wie sensibel, aber auch einseitig Menschen zum Thema Kirche Stellung nehmen, wenn sie nur eigenen Erlebnissen und Wahrnehmungen folgen oder ihr Wissen nur aus der veröffentlichten Meinung schöpfen. Oft dauert es keine zwei Minuten, bis man bei den heiklen Themen Zölibat, Missbrauch oder kirchliche Sexualmoral landet. Nur sehr selten kommt die persönliche Not zur Sprache, den Glauben im Alltag zu leben, den vielseitigen Belastungen in einer säkularisierten Umwelt standzuhalten oder auch nur, heute in der Familie zu beten. Männer und Frauen, Väter und Mütter haben damit ihre Probleme. Kirchliches, christliches Leben wird allzu schnell abgedrängt in die Zuständigkeit von „Amts-Christen". Die werden schließlich dafür bezahlt, heißt es. „Ich Kirche" – oder wenigstens „Wir Kirche" zu sagen, das fällt vielen Christen heute schwer. Kirche – sind das andere als wir?

Ich will nicht verhehlen, dass es mich schmerzt, wie wenig kirchliche Amtsträger manchmal dafür tun, dass sich das „Volk" ernst genommen fühlt. Erst kürzlich erlebte ich ein ganz typisches Beispiel dafür: Ein Pfarrer fertigte, obwohl er nach der Abendmesse keinen Termin mehr hatte, eine Frau, die auf ihn gewartet hatte, mit ein paar leeren Floskeln ab, ohne diese Gelegenheit zu einem Gespräch zu nutzen, das ganz offensichtlich gesucht wurde.

Engagierte Laien lassen es sich nicht mehr gefallen, dass theologisches Besserwissen über ihre praktische Alltagserfahrung und ihre eigene geistliche Kompetenz gestellt wird. Oft ist es die Kirche in ihren Repräsentanten, die sich von den Menschen entfernt, nicht nur umgekehrt. *„Sich abzuschotten kann und darf nicht der Weg der Kirche sein. Denn unsere Kirche ist eine Kirche der Hoffnung und des Zukunftsvertrauens und nicht der Angst"*, sagte vor einiger Zeit der Rottenburger Bischof Gebhard Fürst.

Wenn man mit Menschen zusammen auf dem Weg ist, begegnet man der ganzen schillernden Vielfalt von Meinungen über die Kirche. Während einige junge Leute begeistert vom Weltjugendtag schwärmen, Ältere beim Erzählen von ihrer Romwallfahrt leuchtende Augen bekommen, schütten andere ohne Scheu ihren gesammelten Hass auf die Kirche aus. Für die einen bedeutet Kirche die Erfahrung lebendiger, Mut machender, befreiender Gemeinschaft, bei anderen treten Enttäuschungen und oft in zornigen Protest verpackte Klagen über gescheiterte Begegnungen mit der Kirche hervor. Bei der Pilgerschaft auf dem Jakobsweg kann noch hinzukommen, dass die oft mit goldenem Prunk überladenen Barockaltäre in einigen Kirchen Spaniens die Ablehnung der „reichen Kirche" befördern.

Die historische Wahrheit, dass Kirche immer eine Kirche von Menschen war und ist und somit auch eine Kirche der Sünder, der Schuldiggewordenen – das ist die eine Seite, der wir uns ehrlich, beschämt und traurig stellen müssen. Die ganze Wahrheit muss aber auch die andere Seite zulassen und anerkennen: Kirche – das ist immer auch die Gemeinschaft der Suchenden, der Bekenner, der Einfachen, der Armen, der Engagierten, der Heiligen.

Dieses Buch beabsichtigt nicht, die ganze Bandbreite kirchlicher Geschichte aufzurollen, und schon gar nicht, hier anzuklagen und dort zu rechtfertigen. Man kann nicht nur von Vergangenem leben. Wir leben heute. Und heute Kirche sein, das heißt für mich zuerst: an den Menschen glauben, weil auch Gott an den Menschen glaubt. Wenn es heißt, „Kirche" sei ein Werk des Heiligen Geistes – also Gottes Werk –, dann müssen wir darin den sichtbaren Ausdruck der Freude Gottes sehen, *„bei den Menschen zu sein"* (vgl. Spr 8,31). Dann ist es folgerichtig, von der „heiligen" Kirche zu sprechen, ja sogar, dass sie „Leib Christi“ in der Welt von heute ist. Ja, wir dürfen sagen: Kirche, das ist die Gemeinschaft der Menschen, die sich von Gott bejaht, gewollt und geführt wissen. Es gehört zu unserem christlichen Selbstbewusstsein, dass wir uns mit erhobenem Haupt als Gottes geliebte Kinder bezeichnen dürfen.

Daraus folgt, dass wir als Kirche nicht nur an uns selbst, sondern an den Menschen schlechthin glauben sollen. „*Mach's wie Gott, werde Mensch*“, sagte der frühere Limburger Bischof Franz Kamphaus einmal in einer Weihnachtsansprache. Das heißt für uns: Sei deinem Mitmenschen ein guter Weggefährte – angefangen bei deinem Partner, deinen Kindern, deinen Nachbarn und Kollegen – bis hin zu den „fernen Nächsten“ in deiner Umwelt wie in der weiten Welt, die Hilfe, Zuwendung und Aufmerksamkeit brauchen.

Woran liegt es, dass wir als Kirche so oft missverstanden werden, dass man uns nicht glaubt, unsere Sprache nicht versteht?

Wenn man auf dem Jakobsweg ist, bildet sich „Kirche“ unterwegs fast wie von selbst. Schweigen und reden, nasswerden und schwitzen, essen und trinken, miteinander teilen und einander unterstützen, sich trösten und ermutigen, am Abend eine Herberge suchen und gemeinsam aufbrechen am nächsten Morgen. All das verbindet nahezu ohne Anstrengung. Es gibt keine Standesdünkel, keine Fremdheit aufgrund anderer Herkunft, Religion oder Bildung. Man sagt „Du“ zueinander, akzeptiert sich ohne Vorbehalt.

Und viele Pilger wünschen sich den täglichen Gottesdienst. Ein befreundeter Priester erzählte, wie sich jeden Tag neu eine Gemeinde um ihn bildete, die ihn drängte, am Abend mit ihr Eucharistie zu feiern. Carmen Rohrbach, die sich selbst als Sucherin bezeichnet, beobachtete eine solche Feier im Freien und schrieb dazu: *„Nur so wird alles eins und alle Grenzen lösen sich auf"* (Carmen Rohrbach, Muscheln am Weg. Mit dem Esel auf dem Jakobsweg durch Frankreich, München 2002, 56).

Wenn wir auf dem Jakobsweg unterwegs waren, legte ich, wenn wir eine Kirche besuchten, großen Wert darauf, sie im Bewusstsein zu betreten, dass unsere Gegenwart nun eine andere, größere Gegenwart berührte. Meine Einladung *„Grüßen wir zuerst den Herrn des Hauses"* haben sich viele gemerkt – auch für zu Hause. Das mehrstimmig gesungene *Laudate omnes gentes* war für uns wie ein Herzensgebet. Über die akustische Raumfühlung hinaus war es ein Zeichen dafür, dass wir mit der göttlichen Sphäre in Kontakt treten wollten und uns daran freuten, welche Resonanz es beim Weiterwandern im eigenen Innern erzeugte.

Könnten wir Kirche nicht auch so verstehen: Gemeinschaft, die auf ihrer Pilgerschaft das Gotteslob anstimmt, wo immer sie lebt, im Bewusstsein der sie ständig begleitenden und inspirierenden Gegenwart Gottes und in der festen Gewissheit, dass der Weg der Kirche immer der Mensch sein muss? Welche Kraft, Kirche mitzugestalten und zu leben, könnte sich daraus entfalten! Und in der Tat: Es geschieht bereits, nicht nur in Klöstern und Kirchen. Es geschieht in vielen Familien, Freundschaftsgruppen, kleinen Zellen christlichen Lebens und in unzähligen Akzenten tätiger Nächstenliebe. Vielleicht müssten wir Christen nur noch kräftiger auftreten, mehr Mut entwickeln, ansteckender wirken und hinausgehen an die „Hecken und Zäune". Sind nicht auch die sogenannten

Fernstehenden wie Pilger mit uns auf dem Weg, als Suchende und unruhig Fragende? Teilen wir mit ihnen die Hoffnung, die uns erfüllt?

Glaube

Buchstäblich auf Schritt und Tritt begegnet der Jakobspilger auf seinem Weg durch Dörfer, Städte und Landschaften Zeugnissen des Glaubens: Kirchen und Kapellen, Klöstern und Hospizen. Oft sind sogar Wege und Brücken angelegt worden von Menschen, die aus der Kraft des Glaubens und um der Menschen willen unwegsames Gelände gerodet und Stege über reißende Flüsse errichtet haben. Was hat die Menschen damals bewegt? Ihre Glaubenskraft muss jedenfalls groß gewesen sein, auch ihr Mut und ihr Eifer, Zeichen für spätere Generationen zu setzen. Aus ihren Bauten, Darstellungen und Stilformen können wir leidenschaftliches Ergriffensein von der Botschaft des Evangeliums erspüren. Welche Zeichen unseres heutigen Glaubens werden wir einmal unseren Nachfahren hinterlassen?

Die Ehinger Konviktkirche birgt in einem ihrer Deckenbilder die österliche Szene der Begegnung des „ungläubigen Thomas" mit Christus (Joh 20,24–29). Thomas berührt mit ausgestreckter Hand die Seitenwunde Jesu, und seine aufgerissenen Augen ebenso wie sein zum staunenden Ausruf *„Mein Herr und mein Gott!"* geöffneter Mund halten den dramatischen Moment seines Erwachens zum Glauben an den Auferstandenen fest. Darunter steht in Latein der Satz: *Ex tactu concipit ignem – In der Berührung fängt er Feuer.*

Erinnern Sie sich noch an das Bild vom Eisen im Feuer? Auf den Glauben angewendet, der sich bei Thomas in der Berührung der Wunden am auferstandenen Christus Bahn bricht, tut es uns gut, an unsere eigenen Berührungen zu denken, die wir mit „Glauben“ in Verbindung bringen: ein Wort vielleicht, das mir eines Tages plötzlich in die Seele gefallen war, ein Blick, eine Geste, eine Begegnung, eine Umarmung?

In mir ist eine Kindheitserfahrung haften geblieben, die ich als Schlüsselerlebnis bezeichne: Als gerade mal Siebenjähriger las ich im Haus meiner Großeltern in der „Stadt Gottes“, einer Missionszeitschrift, den Bericht über das Turiner Grabtuch, welches das vermutliche Antlitz Christi zeigt. Staunend rannte ich mit dem Blatt in der Hand in die Küche zur Großmutter, zeigte ihr aufgeregt das Bild: „Oma, Oma, schau mal, ein Foto von Jesus!“ Meine Großmutter reagierte eigenartig. Sie drückte mich an sich, streichelte mir über den Kopf und sagte nur: „Oh, Wolfgang, du bist doch ein dankbares Geschöpf!“ Diese innige Berührung werde ich nie vergessen. Ich trage sie im Herzen, wenn ich über Glauben rede oder schreibe. Glaube ist Beziehung, Nähe, Liebe. Und vor allem: Glaube ist geschenkte und angenommene Berührung Gottes.

Daran wird auch deutlich: Wenn wir über Glauben reden, meinen wir mit Sicherheit mehr als „etwas für wahr halten“ oder „etwas nicht sicher wissen“. Vielmehr kann man sagen: Glaube heißt: *mehr wissen*. Es ist freilich ein Wissen, das über den Verstand hinausreicht. Und es schließt den Verstand gerade nicht aus, sondern sehr bewusst ein. Die eisenharte Forderung des Thomas an seine Freunde nach buchstäblicher Handgreiflichkeit des Glaubens an den Auferstandenen brauchte das Feuer, das liebende Berührung auszulösen vermag. Sie brauchte auch die Gemeinschaft und damit die Nähe der anderen. Jesus will und stiftet solche Gemeinschaft, in der man ihn erfahren und als Folge davon an ihn glauben kann: „*Wo zwei oder drei in meinem Namen beisammen sind, bin ich mitten unter ihnen*“ (Mt 18,20). Jesus spricht nicht von billigem Trost: Wenn ihr zusammenkommt, dann ist das nicht nur *so viel, als ob* ... Er sagt glasklar: Dann *bin* ich mitten unter euch.

Glaube – das ist eine Herausforderung. Bleiben wir einmal bei diesem Wort: Glaube provoziert. Er fordert uns heraus aus unserem Denken, Fühlen und Können, das sich – dafür sind wir Menschen – nur allzu gerne an dem orientiert, was man machen und kaufen, sehen und begreifen kann. Wenn wir auch alte biblische Weltbilder im Licht von Wissenschaft und Vernunft zu deuten verstehen, so bleiben trotz aller Aufklärung die Fragen nach dem Warum, Woher und vor allem nach dem Urheber von allem. Das Herz des Menschen gibt sich nicht damit zufrieden, dass ihm der Verstand Ursachen und Dimensionen der Evolution vorlegt. Lässt es mein Verstand zu, Hinweise zu entdecken auf einen Schöpfer all dieser Ursachen, Gründe und Entwicklungsstufen? Widerstrebt es meinem Geist, ihn kennenlernen zu wollen? Blaise Pascal wusste darauf diese Antwort: „*Wir haben nichts zu verlieren und Unendlichkeit zu gewinnen!*“

Glaube ist Beziehung, Nähe und Einladung. Ohne die Beziehung zur Gemeinschaft seiner Freunde wäre Thomas dem Auferstandenen nicht begegnet. Seine Zugehörigkeit, seine Rückkehr in den Kreis der Jünger hat ihm den Glauben gerettet. Ohne diese Nähe hätte er nicht Feuer fangen können. Wie oft ging und geht es uns genauso! In der Gemeinschaft der Familie, in einer Gruppe von Gleichgesinnten sprang der Funke über. Durch das Zeugnis anderer gingen in unserem Inneren Lichter an oder wir wurden wenigstens unruhig. „*So wie der hat noch keiner geredet*", sagten die Leute auch über Jesus, als er sie einlud, an ihn zu glauben (Joh 7,46).

Glaube ist Vertrauen. Geschwister des Vertrauens sind Liebe und Treue. Wir könnten eine logische Kette aufreihen: Glaube ist Staunen, Wachsen, Reifen – und Feiern! Was wäre das für eine Beziehung zu Gott, wenn sie nicht zum Fest führte! Was wäre das für eine Liebe, wenn sie sich nicht weiter zeugte und bezeugte in anderen, was wäre das für eine Treue im Glauben, die sich nicht bewährte in Belastungen, Enttäuschungen und auch noch in der Begegnung mit dem Tod! Auch wenn ich oft bete: „*Ich glaube, Herr, hilf meinem Unglauben*" (Mk 9,24), so ist darin doch der Wille zum Glauben vorhanden. Ich persönlich bin davon überzeugt: Schon wer in sich die Sehnsucht zu glauben, sich anvertrauen zu können, spürt, glaubt bereits. Wichtig ist, auf dieser Straße der großen Sehnsucht zu bleiben. Auch darin ist Glauben wie Pilgern: eine Herzenssache. Man wird damit nicht fertig. Und es braucht die täglich neue Offenheit. Denn am Ende bleibt als Fazit: Nicht wir müssen zum Glauben kommen – der Glaube kommt zu uns, denn er ist vor allem ein Geschenk!

Christliches Leben ist anders

Fromm tun kann fast jeder. Ob es auch „frommt", ist eine andere Frage. Es ist bemerkenswert, dass man diesen Begriff früher im Zusammenhang mit Ertrag und Nutzen gebrauchte. Fromm sein ist heute nicht mehr attraktiv, hat keinen Nutzen, bringt nichts. So jedenfalls sehen es viele Zeitgenossen. Für viele hat Frommsein, Frömmigkeit einen unangenehmen Beigeschmack. Man bringt damit eine irgendwie verbogene, manchmal sogar verlogene Haltung in Verbindung. Christliches Leben – das müsste irgendwie anders sein.

Christsein will öffentlich sein. Wer Christsein ernst nimmt, wer wirklich begriffen hat, was es bedeutet, von Jesus Christus ergriffen zu sein, kann es nicht für sich behalten. Christsein ist solidarisch. Der Auftrag Jesu ist eindeutig. *„Geht hinaus* und *sagt es allen weiter"* (vgl. Mk 16,15), und nicht: Bleibt sitzen, versteckt euch, behaltet alles für euch.

Zu anderen gehen, auf andere zugehen – im guten Sinne – kann nur, wer liebt und sich geliebt weiß. Christlich gesehen, ist es eine natürliche Folge dessen, dass ich mit Verstand und Gefühl, mit meinem ganzen Wesen sagen kann: Gott liebt mich. Er ist auf mich zugegangen, er hat mich ergriffen und befreit, gerufen und geheilt, und er sehnt sich nach meiner Antwort der Liebe durch mein Zeugnis in Wort und Tat.

Wir spüren, wenn ein Mensch es von Herzen gut mit uns meint. Es tut wohl, von einem Du angenommen und bejaht zu sein ohne Vereinnahmung, ungeheuchelt und absichtslos. Es schmerzt, wenn fromme Christen, brave und treue Kirchgängerinnen und Kirchgänger, im Alltag nicht auszustrahlen vermögen, wovon sie überzeugt sein wollen. Ich weiß natürlich, dass solche Frommen wie auch ihr Kirchenbild oft geprägt sind von einer Zeit, in der strenge Gesetzesfrömmigkeit wichtiger erschien als die befreiende Botschaft vom barmherzigen Vater.

Als Christ anders zu leben, will heißen: offen, überzeugend, zuverlässig, liebenswürdig, einfach zu sein. Wo andere die Türe zuschlagen, weil sie sich nicht anders zu helfen wissen, fragt der Christ: *„Was willst du, das ich dir tun soll?“*(vgl. Lk 18,21); wo andere unbequeme Fragen vertuschen wollen, ermutigen Christen um der Liebe willen zu Offenheit und Freiheit, denn *„die Wahrheit wird euch frei machen“* (vgl. Joh 8,32); wo die Liebe im Miteinander verletzt wird, bahnen Christen behutsam Wege zur Versöhnung.

Den Glauben selbstverständlich und überzeugend zu leben, fällt uns Heutigen schwerer als noch unserer Eltern- oder Großelterngeneration. Aber auch sie hatten ihre Schwierigkeiten. Das wird deutlich an dem Satz eines Schülers, der in seinem Aufsatz schrieb: *„Katholisch sein, das ist, was man nicht darf.“* War es ein Zuviel an Verboten, ein Mangel an Freiheit, vielleicht gar ein Protest gegen Lieblosigkeit, die ein junger Mensch im Umfeld von Kirche und Religion erlebt hatte? Bei aller Mehrdeutigkeit einer solchen Aussage – treffend, wenn auch unbewusst hielt er wohl den Glaubensgenossen seiner Zeit den Spiegel vor.

Christsein – und nicht nur in seiner katholischen Ausprägung – hatte lange Zeit den Geruch einer Vermeidungsreligion. Vermeidung als beste Strategie ehrbaren, (fast) sündenfreien Lebens. Wen wundert's, dass sich dadurch christliche Profile verbogen haben, dass etwas vom Kostbarsten christlichen Glaubens – nämlich das Zeugnisgeben – sich in innerkirchliche Nischen zurückzog? Dass im Ringen um religiöse Tugend die „Klippe“ des sechsten Gebots, der Umgang mit der Sexualität, als besonders heikel galt und mit vielen Tabus belastet war, das wirkt sich bis in unsere Tage schädlich aus. Natürlich darf man sofort hinzufügen: Es gab immer auch ganz andere Zeugnisse gelebten Christseins. Man muss dazu nicht unbedingt die Heiligen unserer Zeit zitieren wie Maximilian Kolbe, Edith Stein oder Mutter Teresa. Es gibt überzeugende Christen im Alltag, in den Betrieben, in den Redaktionen der Medien wie auch in der Politik. Eltern und Erzieher, Künstler und Wissenschaftler, Priester in den Gemeinden wie im Bischofsamt brauchen unser Vertrauen, und sie verdienen unsere Achtung und Wertschätzung, unsere Unterstützung und die Umsetzung ihrer Botschaft ins praktische Leben.

Wenn wir unserem Ziel treu bleiben wollen, in Kirche und Welt als Christen zu wirken, bedarf es kritischer, aber konstruktiver Aufmerksamkeit. Ebenso wichtig ist die Bereitschaft zu grundsätzlicher Solidarität, um auch Konflikte mit Anstand und Würde und im Respekt voreinander auszutragen und am Dialog miteinander festzuhalten.

Es gibt einen Reformstau in der katholischen Kirche. Aber es reicht nicht aus, sich auf die immer wieder diskutierten Themen zu konzentrieren: Zölibat, Homosexualität, Priesteramt der Frau usw. Sie können auch zur Falle werden und zur Verengung und Verhärtung der Fronten führen. Ich wünsche mir auch mehr Dialog, mehr Hören aufeinander, weniger Angst unter den Bischöfen und anderen Amtsträgern. Geht es denn darum, Besitzstände zu ergattern oder zu sichern? Einer solchen Kirche erteilt Jesus eine glatte Absage: *„Bei euch soll es nicht so sein!“* (Mt 20,26).

Anders leben als Christ heißt zuerst: Gott an die erste Stelle zu setzen und danach zu leben. Damit muss jeder Einzelne beginnen – bei sich, in seinem Tun und Lassen, bei seinem Tagesablauf, mit seiner Arbeit, mit seiner Weiterbildung. Das kann, um ein ganz simples Beispiel zu nennen, auch heißen, den Tag nicht mit der Zeitung zu beginnen, sondern mit dem Dank an Gott, sei es in Form eines Gebetes oder einiger Minuten der stillen Besinnung. Es geht weiter in der Achtsamkeit füreinander. Es ist nicht gleichgültig, ob ich dankbar bin für Essen und Trinken, für Wohnung und Arbeit, für Wohlstand und Gesundheit, für kleine Aufmerksamkeiten, oder ob ich das alles für selbstverständlich halte und es womöglich nur eigener Leistung zuschreibe.

Jeder Atemzug, jeder Augenblick, jede Sorge, jedes Glück – alles kann zu einer größeren Ganzheit meines Selbst führen. Es braucht nur ein wenig Herzensoffenheit, Sensibilität für die Dinge um mich herum und in mir – in Übereinstimmung mit der Bereitschaft, das heute Notwendige in Liebe zu tun. Jeder Tag schenkt uns neue Möglichkeiten, zu hören, zu staunen, zu empfangen und weiterzugeben, was uns an wertvollen Dingen begegnet.

Das in den letzten Jahrzehnten häufig zitierte prophetische Wort Karl Rahners gilt weiterhin: *„Der Christ von morgen wird ein Mystiker sein, einer, der etwas erfahren hat, oder er wird nicht mehr sein.“* Können wir Christen sein, ohne erfahren zu haben, wie Gott mit und in uns wirkt? Religionsunterricht, Katechismus und Theologie sind wichtig, sie nützen uns jedoch wenig, wenn wir nicht *erleben*, was wir glauben.

Nur von wenigen Menschen sind uns Erfahrungen bekannt, wie sie Paulus vor Damaskus erlebt hat (Apg 9,1–22) oder wie sie von Blaise Pascal († 1662), von dem Journalisten André Frossard († 1995) und anderen bezeugt wurden. Aber es gibt solche „Gotteserfahrung“ auch heute. Wie manche meiner Weggefährten bin auch ich – voll Staunen und Erschütterung – Zeuge ähnlicher authentischer Erlebnisse geworden. Sie sind ein unverdientes Geschenk. Jeder, der Erfahrungen im Glauben macht, spürt bald, dass sie zum Weiterschenken gegeben sind. Glaubenserfahrung dient nicht nur der Vertiefung eigener Spiritualität und Frömmigkeit, sondern sie erweist ihre Glaubwürdigkeit im Zeugnis, in der nüchternen Wirklichkeit sozialen Handelns, im ganz normalen Leben.

Als ein typisches Beispiel solcher realitätsbezogener Glaubenserfahrung begegnet dem Jakobspilger der heilige Dominikus in und um *Santo Domingo de la Calzada* im Weinland der Rioja. Als Eremit sah der Heilige die zahllosen Pilger, die durch unwegsames Gelände und gefährliche Flüsse ziehen mussten, oft schutzlos wilden Tieren und Wegelagerern ausgesetzt. Er begann im zwölften Jahrhundert damit, Wälder zu roden, Wege zu bahnen, Straßen zu befestigen und Brücken zu bauen. Eine davon steht noch heute. Ein gutes Beispiel dafür, dass Christsein aus der Spannung von Kontemplation und Aktion lebt. Da ist noch viel zu tun in der „Wildnis“ unserer Welt: Hindernisse im menschlichen Miteinander aus dem Weg räumen, Wege zueinander bahnen, Brücken von Herz zu Herz bauen und selbst Herberge sein für die Erfahrbarkeit der Liebe Gottes heute. Es gilt: Fang einfach an – worauf warten?

Begegnung mit Christus

Die Gestalt Christi

Christusbilder haben mich immer fasziniert. Im oben erwähnten Beispiel war es das „Antlitz Christi" auf dem Turiner Grabtuch. Ebenso vertraut wurde mir die Christus-Ikone in der kleinen Dorfkirche von Taizé, vor der ich als junger Erwachsener oft meditierte. Auch die Christusbildnisse über den romanischen Portalen französischer und spanischer Kathedralen sind mir heilige Orte der Begegnung mit Christus geworden. Oft wenn ich mit Pilgergruppen vor diesen steinernen Bilderbibeln stand und sie deutete, kam es danach zu Gesprächen, die um die Frage kreisten „Wer ist Jesus Christus für mich – heute?"

Auf dem Jakobsweg und in der Literatur darüber begegnet man oft dem Wort *„Der Weg ist das Ziel"*. In meinen Augen gilt jedoch vielmehr: Der Weg *ist* nicht das Ziel – auch nicht der Weg nach Santiago. Wohl aber *hat* dieser Weg ein Ziel: das Grab des Apostels Jakobus, der im buchstäblichen Sinne seinen Kopf für Christus riskiert hat, wie die Apostelgeschichte (12,2) berichtet. Also ist letztlich auch in Santiago die Erneuerung des Glaubens an den auferstandenen Christus *das Ziel* authentisch christlicher Pilgerschaft. Nur Christus konnte von sich sagen: *„Ich bin der Weg, die Wahrheit und das Leben"* (Joh 14,6). Und: *„Ich bin die Tür – wer durch mich eintritt, wird … das Leben in Fülle haben"* (vgl. Joh 10,9–10).

Dafür lohnt es sich, sein Leben einzusetzen, nicht nur bei einer Fernwallfahrt über viele Wochen hinweg, sondern im Sinne der Hingabe auf dem eigenen alltäglichen Lebensweg.

Die Geschichte kennt viele Gestalten, deretwegen zu ihrer Zeit Menschen ihr Leben gewagt haben: Alexander der Große, Julius Cäsar, Napoleon, Hitler. Die Frage, wer heute noch sein Leben für diese oder andere Größen der Weltgeschichte riskieren würde, enthält mehr Lächerliches als Ernsthaftes. Doch auch heute noch gefährden in einigen Ländern der Welt Menschen ihr Hab und Gut und sogar ihr Leben, weil sie sich zu Christus bekennen. In Algerien, Pakistan, im Irak und in anderen Regionen der südlichen Halbkugel sind es fundamentalistische Muslime, in anderen Ländern der Erde sind es die Drogenmafia oder andere Syndikate, die jede Form christlicher Einflussnahme für Gerechtigkeit und Frieden verhindern und offen bekämpfen.

Wer ist dieser Jesus Christus? Jüdischer Rabbi, Wanderprediger, Wunderheiler, Revolutionär? Ist er der strenge Weltenrichter, wie es die Bilderwände romanischer Kirchenportale zu betonen suchen – ausgehend von der Offenbarung des Johannes (vgl. Offb 21)? Die Erzählung im Lukasevangelium von den beiden Jüngern auf dem Weg nach Emmaus (Lk 24,13–35) weist auf außergewöhnliche Eigenschaften Jesu hin. Einmal entbehrt die Szene nicht eines gewissen Humors. Auf den erstaunten Ausruf der beiden Jünger: „*Bist du so fremd in Jerusalem, dass du als Einziger nicht weißt, was in diesen Tagen geschehen ist?*“, fragt Jesus scheinbar unwissend zurück: „*Was denn?*“ Dann legen die beiden erst richtig los: „*Das mit Jesus aus Nazaret. Er war ein Prophet, mächtig in Wort und Tat vor Gott und dem ganzen Volk*“ (Lk 24,18–19).

Mächtig in Wort und Tat. Viele Situationen, die uns die vier Evangelien über Jesus berichten, bestätigen uns das. Besonders die Streitgespräche mit der frommen Oberschicht, mit den Pharisäern und Schriftgelehrten in Israel, unterstreichen die Souveränität Jesu sowohl im intellektuellen wie auch im emotionalen Sinn. Zu zwei möglich scheinenden Antworten gibt Jesus eine dritte, sei es in der Steuerfrage (vgl. Lk 20,20–26), sei es angesichts der prekären Situation einer beim Ehebruch ertappten Frau (vgl. Joh 8,1–11), in der Frage der Auferstehung (Lk 20,27–40) und bei vielen anderen Gelegenheiten. In der Begegnung mit Leid, Krankheit und Tod erweist sich Jesus als die personifizierte Nähe und Menschenfreundlichkeit Gottes. Mächtig in Wort und Tat.

Jesus ist *der* Prophet. Aber er gründet keine Prophetenschule. Denen, die den Vater „*im Geist und in der Wahrheit*" anbeten, verspricht er sogar Anteil an seinem prophetischen Amt. Wer ihm in Geist und Wahrheit folgt, gewinnt schöpferische Freiheit, eine Freiheit, die ihn befähigt, sich als Jünger Christi zu bewähren: „*Wer an mich glaubt, wird die Werke, die ich vollbringe, auch vollbringen, und er wird noch größere vollbringen …!*" (Joh 14,12)

Jesus ist der *Christus*, der von Gott Gesalbte, der Sohn Gottes. Es gibt bei uns Tendenzen, die von der Christusgestalt Jesu als „Sohn Gottes" wegführen, sie verblassen lassen. Der evangelische Professor Gerd Lüders, Göttingen, sagte vor einiger Zeit, er habe vom Christentum Abschied genommen, weil er Jesus als den Christus nicht mehr akzeptieren könne. Er und andere Vertreter dieser Richtung sehen und akzeptieren Jesus – mit großer Hochachtung zwar – ausschließlich als idealen Menschen. Wenn wir nur noch den Jesus von Nazaret als historische Person zu glauben hätten, wären wir jedoch 2000 Jahre von ihm entfernt! Erst wenn wir ihn als den auferstandenen Christus, als menschgewordenen und beglaubigten Sohn Gottes glauben und bekennen, bleibt er „gleichzeitig“, das heißt hier und heute jederzeit gegenwärtig. Das hat enorme Konsequenzen für unser Eucharistie- und Kirchenverständnis. Es ist wesentlich für unser Christsein mitten in der Welt, dass wir Christus „heutig“ machen, dass wir ihn als Sohn Gottes und Erlöser aktuell glauben und bekennen. Nur so wird unser Glaube seine tragende Kraft, seine Dynamik auf eine Weise behalten, dass man sein Leben dafür riskiert.

Petrus wird uns im Neuen Testament als wankelmütiger und doch begeisterungsfähiger Mensch beschrieben. Auf die Frage Jesu: „*Für wen haltet ihr mich?*“ gab er ohne zu zögern die Antwort: „*Du bist der Messias, der Sohn des lebendigen Gottes!*“ (Mt 16,16) Werden wir Christus als den Sohn Gottes bekennen können wie Petrus, wenn wir gefragt werden? Im ersten Petrusbrief heißt es: „*Fürchtet euch nicht vor ihnen und lasst euch nicht erschrecken, sondern haltet in eurem Herzen Christus, den Herren, heilig! Seid stets bereit, jedem Rede und Antwort zu stehen, der nach der Hoffnung fragt, die euch erfüllt.*“ (vgl. 1 Petr 3,14–16).

Vertiefung des Glaubens

Was im vorherigen Kapitel über Jesus Christus gesagt wurde, mag sehr skizzenhaft sein. Für mein persönliches Leben aus dem Glauben enthält es genügend Strahlkraft und auch Zündstoff. Es genügt nicht, von Christus fasziniert zu sein. So viel habe ich verstanden: Christ werden heißt Freund Christi werden. Diese Sicht und der darin lebendige Glaube im Sinne eines „Mehr-Wissens" sind mir nicht in den Schoß gefallen. Vom Kirchenvater Hieronymus († 420) ist das Wort überliefert: *„Wer die Bibel nicht kennt, kennt auch Christus nicht."* Danach hätte ich bis zu meinem 20. Lebensjahr Christus nicht wirklich gekannt – trotz religiöser Erziehung, zehnjähriger Ministrantenzeit und der Mitgliedschaft bei der katholischen Pfadfinderschaft St. Georg. Meine tiefgläubige Mutter habe ich nie beim Lesen der Bibel erlebt. Allerdings gehörte bei uns zu Hause der „Schott", das Messbuch für das gläubige Volk, zum religiösen Rüstzeug. Als ich 1961 den Jesuitenpater Johannes Leppich kennenlernte, den man wegen seiner aufrüttelnden Predigten und seiner unkonventionellen, oft provozierenden Rhetorik das „Maschinengewehr Gottes" nannte, fiel bei mir endlich der Groschen: In der Bibel, wenigstens im Neuen Testament, sollte ein Christ jeden Tag lesen. *„Action 365"* nannte sich darum die Gruppe, der ich mich anschloss. Über Freunde in diesen Teams bekam ich wenig später Kontakt zum *Cursillo*, dem „Intensivtraining für Christen", einem dreitägigen Glaubenskurs. Darin ging es um das *„Erlebnis des Wesentlichen im Christentum"*. Bemerkenswert fand ich die Tatsache, dass sich diese Bewegung 1948 aus einer Pilgerschaft nach Santiago de Compostela entwickelt hatte.

Ich möchte folgendes Bild gebrauchen für den Wandel, der mir durch diese neuen Impulse widerfuhr: Ich tauschte das Ruderboot des hausbackenen, christentümlichen Mitläufers ein für ein Segelboot mit einer begeisterten Crew, in der jeder Einzelne – auch ich – mit den je eigenen Gaben und Fähigkeiten gefragt war. Das Pauluswort *„Ich vermag alles in dem, der mich stark macht“* (Phil 4,13) wurde für mich zum Schlüsselwort selbstbewusst-christlichen Lebens. Ich hatte eine Spur entdeckt, die ich mit dem Begriff „Vertiefung“ bezeichne. Sie war für mich wie eine Fährte, die ein Jagdhund aufnimmt und so lange verfolgt, bis er das Wild aufgespürt hat.

Für mich war es ein Glücksfall, dass ich in einer geistlichen Bewegung unbefangener und fröhlicher Spiritualität begegnete und darin sogar mitarbeiten konnte. Dieses Engagement hat mich oft herausgefordert und an meine Grenzen geführt, aber es hat mich zu einem überzeugten, geerdeten und zugleich himmelweit offenen Glauben finden lassen.

Es lag dann in der Logik dieses Prozesses, dass mir schließlich die Begegnung mit der Zen-Meditation Zugänge zur Kontemplation eröffnete als Form der täglichen Vertiefung im absichtslosen Schweigen vor Gott. In der eigenen Praxis und im später daraus fließenden Anleiten anderer zur Übung einer Mystik im Alltag ist mir meine Meditationsmatte zu einer „geistlichen Schulbank“ geworden. Es wurde ein tägliches „Zu-Füßen-Jesu-Sitzen“, von dem ein Hören und Lernen ganz anderer Art ausging als durch Bücher oder Predigten.

Jeder Christ wird seinen Weg zur Vertiefung des Glaubens selbst suchen und finden müssen. Je freier und selbstständiger er seine „Fährte“ aufnimmt und konsequent vorangeht, umso besser. Auch in diesem Bemühen sind und bleiben wir Pilger. Man tut allerdings gut daran, ab und zu eine geistliche Begleitung im Sinne eines Pilgerführers zu Rate zu ziehen. Denn ein wichtiges Element der Glaubensvertiefung ist die Unterscheidung der Geister. Es dient der Reifung eines Christenlebens, von Zeit zu Zeit den eigenen Weg im Gespräch mit einer erfahrenen Begleitung zu reflektieren, um sicherzugehen, *„dass ich nicht vergeblich gelaufen bin“* (vgl. Gal 2,2).

Christus ist der Brunnen, aus dem wir unser „Lebenswasser“ schöpfen. Ein Brunnen am Jakobsweg ist das ersehnte Ziel jedes Pilgers, wenn seine Wasservorräte an heißen Tagen zu Ende gehen und die Ortschaften weit auseinander liegen. Ein solcher Brunnen, besonders in der im Sommer heißen *Meseta*, der Hochebene Altkastiliens, kann zum Symbol für Glaubensvertiefung werden. In tiefe, wasserführende Schichten gebohrt, vor Verunreinigung gut geschützt, von Mensch und Tier geschätzt, wird ein Brunnen zum Ort des Lebens schlechthin. Auch Jesus hatte diese Symbolik bei seinem Gespräch mit der Samariterin am Jakobsbrunnen im Blick: *„Wer aber von dem Wasser trinkt, das ich ihm geben werde, wird niemals mehr Durst haben, vielmehr wird das Wasser, das ich ihm gebe, in ihm zur sprudelnden Quelle werden, deren Wasser ewiges Leben schenkt“* (Joh 4,14).

Sakramente – Zeichen der Verwandlung

Unser Dasein ist voller Zeichen. Verkehrsschilder, Fahnen, Wappen, Markenzeichen und vieles mehr gehören zu unserem Alltag. Wanderer schätzen gute und zuverlässige Markierungen der Wege. Auch Pilger auf dem Jakobsweg wissen um die Bedeutung der Zeichen am Weg, die nicht nur den Streckenverlauf angeben, sondern auch eine Verbundenheit untereinander herstellen: Man ist „im Zeichen der Muschel" unterwegs und darin irgendwie miteinander eins. Auch im Leben des Christen gibt es solche Zeichen – heilige Zeichen. Wir verwenden das lateinische Wort dafür: Sakramente. Ich möchte hier keine theologischen Überlegungen über die christologische Begründung und historische Entwicklung der Sakramente in der christlichen Tradition anstellen. Dafür gibt es empfehlenswerte Bücher von Fachleuten. Ich gehe von Fragestellungen aus, die wir im Umgang mit Menschen – und sehr oft gerade im Unterwegssein mit Menschen auf dem Jakobsweg, aufgenommen und bedacht haben.

Grundsätzlich kann alles, was mich in bestimmten Lebenssituationen trägt, tröstet, führt und heilt, zum Sakrament – zum heiligen Zeichen – werden: ein Telefonat, ein Brief, ein Ort, an den sich eine unvergessliche Begegnung bindet, ein Erinnerungsstück, das einen geliebten Menschen vergegenwärtigt.

Für mich ist in diesem Sinne das *Neue Testament* meines Vaters zum Sakrament geworden. Es war eine Bibelausgabe für

Soldaten, die er wohl immer bei sich trug. Als er im September 1942 vor Stalingrad im Alter von nur 27 Jahren fiel, brachten verwundet heimkehrende Kameraden meiner Mutter die Bibel und andere Habseligkeiten zurück. Ich war damals gerade ein Jahr alt, und mein Vater hat mich nicht mehr sehen können. Aus den in seiner Bibel angestrichenen Schriftstellen kann ich noch heute entnehmen, was ihm als Christ wichtig war. So ist seine Bibel zu seiner Glaubensweitergabe an mich geworden, zu einem heiligen Zeichen und zu seinem kostbaren Vermächtnis.

Ähnliches gilt für die Sakramente insgesamt: Als Zeichen verheißen schaffen sie Begegnung zwischen Gott und dem Menschen. Sie sind zugleich Geschenk und Anruf, sich dafür zu öffnen und sich wandeln zu lassen in dieser Begegnung. Als freie Gabe Gottes an den freien Menschen fordern sie dessen Stellungnahme und Zustimmung heraus – oder die Möglichkeit, sich dem Geschenk zu verschließen. Das gilt für die Kirche als Grundsakrament wie auch für die sieben Sakramente, die im Folgenden kurz betrachtet werden. Besonders gilt das, wenn wir festhalten: Die Sakramente sind Begegnung mit Christus. Denn Jesus ist das Ursakrament, das Zeichen der Liebe Gottes an uns Menschen und an unsere Welt. Er ist es, der in allen Zeichen gegenwärtig ist und wirkt, er ist es, der reinigt, versöhnt, nährt, verbindet, weiht und aufrichtet. Er ist es, der in diesen heiligen Zeichen das ganze Leben des Menschen umfassen, begleiten und zu seiner Vollendung führen will. Vom Beginn unseres Lebens an (Taufe), über die Zeit des Erwachsenwerdens (Firmung), auf dem Weg der Partnersuche und Familiengründung (Ehe) oder in der Entscheidung für ein ausschließlich der Hingabe an die Menschen geweihtes Leben (Priestertum) – immer ist Christus die innerste Kraft, um die es geht. Auch in den Zeichen der Nahrung (Eucharistie), im mitmenschlichen Dienst der Versöhnung (Buße) oder der Heilung und Stärkung (Krankensalbung) – nie geht es um einen nur äußerlichen, magischen Vollzug. Immer ist der Glaube gefragt, die Einwilligung des Menschen, seine Sehnsucht, sich von Gottes Nähe berühren und wandeln zu lassen. Der Mensch, der diese Nähe Gottes sucht, will und wirken lässt, wird immer mehr selbst zum Sakrament, zum Zeichen des Heils in seiner Welt.

Die Taufe

Wir sind einmal mit einer Pilgergruppe auf dem Jakobsweg angesichts eines außergewöhnlich schönen Taufsteins in dem Dorf *Redecilla del Camino* in ein intensives Gespräch darüber gekommen, was Sakramente, allen voran die Taufe, für uns Christen bedeuten. Dieser Taufstein ist von einem Relief umzogen, das auf das „Neue Jerusalem“ hinweist, die „Neue Stadt“, die uns nach der Offenbarung des Johannes (Offb 21) an das Neuwerden in Christus erinnert – eine Vision, die die Taufe in einen weitaus größeren Rahmen stellt als die bloße Aufnahme in eine Religionsgemeinschaft. Sie ist das Zeichen der Zustimmung Gottes zu einem konkreten Menschen, und sie legt das Fundament, auf dem dieser konkrete Mensch seine Zustimmung zu Gott geben kann, wenn er dafür reif ist. Das Zeichen der Taufe, gleich ob als Kind oder Erwachsener empfangen, ist der Zugang zu einem Reifungsweg, ein erster „Bauabschnitt“ für ein Christenleben, sozusagen die Grundsteinlegung. Das Wasser der Taufe symbolisiert das Ende des alten Menschen, das „Untergehen“ in Tod und Auferstehung Jesu Christi, der uns von Schuld und Tod erlöst hat. Es ist das „Bad der Wiedergeburt“, das aus ihm eine „neue Schöpfung“ macht (vgl. 2 Kor 5,17). Der Täufling wird mit Öl gesalbt zum Zeichen seiner Würde, die er nun mit Christus teilt – nicht aus eigenem Verdienst, sondern als Geschenk der bedingungslos bejahenden Liebe Gottes. Ob und wie der Getaufte sein „Haus in der Stadt Gottes“ mit Hilfe von Eltern, Großeltern, Paten und weiteren Weggefährten bauen kann, ob er selbst eines Tages zum Eigentümer des in der Taufe gelegten Fundaments wird, das hängt von vielen Faktoren ab.

Wenn das Wesentliche im Blick bleibt, dass nämlich Gott sich im Zeichen der Taufe in menschliches Leben schenkt – wird ein Mensch früher oder später eine Empfindsamkeit dafür entwickeln, den tieferen Sinn seines Lebens zu entdecken und sich der verwandelnden Kraft, die eine göttliche ist, öffnen. Die Taufe ist das Sakrament der sinnstiftenden Liebe Gottes.

Versöhnt leben

Ein ganz anderes Zeichen – das Sakrament der Versöhnung – steht in engem Zusammenhang mit der Taufe. So heißt es in der Apostelgeschichte nach der ersten Predigt des Petrus am Morgen des Pfingsttages: „*Da traf es sie mitten ins Herz, und sie fragten: Brüder, was sollen wir tun? Petrus antwortete ihnen: Kehrt um, und jeder lasse sich auf den Namen Jesu Christi taufen zur Vergebung der Sünden*“ (Apg 2,37–38). Sünde und Schuld,

Umkehr und Vergebung beschäftigen den Menschen, sobald sich sein Gewissen formt und er zu unterscheiden lernt zwischen Gut und Böse. Die sich daraus entwickelnden Moralvorstellungen mögen in den unterschiedlichen Religionen und Weltanschauungen jeweils andere Schwerpunkte setzen; für das Evangelium ist immer die soziale Dimension, der Gedanke der Solidarität, wichtig, wie ihn Jesus im Vaterunser formuliert: *„Vergib uns unsere Schuld, wie auch wir vergeben unseren Schuldigern."*

Das kam in der Verkündigung der Kirche nicht immer klar genug zum Ausdruck. Im Mittelalter wurde die Höllendrohung vielfach als Druckmittel gegen den Menschen eingesetzt, die Botschaft von der zuvorkommenden Gnade Gottes unterdrückt. Heute empfinden wir jene Verdammungsvisionen gerade deshalb als teuflisch, weil sie in religiöser Sprache daherkamen. Gott zwingt uns nicht zur Umkehr, wenn wir schuldig geworden sind. Aber er will weder drohende Sklavenhalter noch angsterfüllte Sklaven, sondern Freunde, Söhne und Töchter, freie Erben seines Reiches. Er ist die umfassende Liebe. Er schenkt vollkommene Versöhnung. Er lädt uns immer ein zu einem Fest der Liebe in Freiheit. Er will uns befreien, damit wir mehr lieben und danken können. Und wieder: Die Freiheit, die Gott schenkt, lässt es zu, dass sich der Mensch entscheiden kann zwischen Verweigerung und Annahme.

Die Frage nach dem Sakrament der Versöhnung, der Beichte, nimmt auf dem Pilgerweg nach Santiago eine erstaunlich wichtige Stellung ein. Zwar mag es für die einen schlicht dazuzugehören, am Ende einer Wallfahrt auch zu beichten. Eine Selbstverständlichkeit ist es den meisten nicht. Die Priester, die sich in den Beichtstühlen der Kathedrale von Santiago viele Stunden am Tag für Gespräche mit Pilgern bereithalten, sind oft tief beeindruckt von der Offenheit der Menschen, die sie aufsuchen. Auch Menschen, die jahrelang nicht mehr religiös praktiziert haben, nehmen das Angebot wahr, und oft kommt es dabei zu einer tiefen Wandlung, die der Weg zwar vorbereitet hat, die aber durch die sakramentale Lossprechung – von Herz zu Herz – vollendet wird.

Über die Beichte haben wir in unseren Pilgergruppen oft diskutiert. Dabei kamen manchmal auch irrige Auffassungen zum Vorschein, insbesondere wenn es um den Ablass ging, der in den „Heiligen Jahren" an katholischen Wallfahrtsorten – so auch in Santiago – gewährt wird. Wir aus dem deutschen Sprachraum sind hierbei – im Gegensatz zu Christen romanischer Länder – besonders sensibel: Es war ja der unselige Ablasshandel, der Luther 1517 zum berechtigten Protest provozierte. Jede Unredlichkeit, aber auch jeden Automatismus im Umgang mit Schuld und Vergebung müssen wir ablehnen. Das Sakrament der Versöhnung will gerade die Mündigkeit, Freiheit und Liebesfähigkeit des Menschen betonen und stärken. Wo der Mensch aus eigener Kraft nicht dazu fähig ist, müssen wir ihm Wege zur Offenheit für die entgegenkommende, ihn sehnlichst suchende, heilende Liebe Gottes öffnen.

Vor vielen Jahren – bei einer unserer ersten Pilgerfahrten nach Santiago – habe ich ein Kapitell im hinteren Mittelschiff der Basilika *Sainte Madeleine* in *Vézelay* in Burgund entdeckt. Es zeigt auf der einen Seite den erhängten Judas Iskariot, auf der anderen Seite Christus, der sich den toten Verräter wie das wiedergefundene verlorene Schaf um die Schultern gelegt hat und heimträgt. Eine ungeheuer gewagte Darstellung – und das im zwölften Jahrhundert, in dem die Angst vor der ewigen Verdammnis in der Volksfrömmigkeit allgegenwärtig war! Das tröstliche Bild der jedem Sünder nachgehenden Liebe Christi, die selbst noch einen Judas wiederfindet und heimholt, lässt uns ahnen, was die Beichte bedeutet: Sakrament der mitgehenden und heimholenden, erbarmenden Liebe Gottes.

Firmung – zur Freiheit befreit?

Der Witz ist nicht neu: In einer Kirchengemeinde werden die Mitfeiernden beim Abendgottesdienst in der alten Dorfkirche immer wieder durch herumfliegende Fledermäuse gestört. Der Pfarrer bittet erst den Mesner, dann den Kirchenvorstand, für Abhilfe zu sorgen – leider vergeblich. Schließlich kümmert sich der Pfarrer selbst darum, und siehe da: Die Fledermäuse sind verschwunden und bleiben weg. In der nächsten Sitzung des Kirchengemeinderats gibt der Pfarrer den erstaunt fragenden Mitgliedern die Erklärung: Ich habe die Fledermäuse einfach getauft und gefirmt – und weg waren sie!

Natürlich lässt sich der Witz nicht generell auf die Situation unserer Kirchengemeinden übertragen. Aber es gibt uns zu denken, dass nach der Firmung – in der evangelischen Kirche sieht es nach der Konfirmation nicht besser aus – die meisten Jugendlichen aus den Gottesdiensten verschwinden. Viele beklagen diesen Zustand, Eltern wie Großeltern sind ratlos. Es ist gar nicht nötig, diese Tatsache zu verdrängen.

Sie bleibt eine Herausforderung an die ganze Gemeinde. Zu versuchen, den jungen Christen der Gemeinde so viele Chancen wie nötig zu geben, sich mit ihren Gaben und ihren Möglichkeiten einzubringen, bleibt eine verheißungsvolle Aufgabe. Wenn man sich umhört, gelingt es öfter, als man denkt.

Das gilt auch für die Vorbereitung auf die Firmung. Die jungen Leute bringen meist wenig Glaubenswissen und oft nur eine begrenzte Bereitschaft zur aktiven Teilnahme mit. Viele wurden gedrängt. Ihre Abwehrhaltung, ihre Vorurteile zu verstehen, ist für die Firmbegleiter eine hohe Hürde. Es ist wichtig, der oft hinter Aggressionen versteckten Verletzlichkeit mancher junger Leute aufmerksam und geduldig zu begegnen, aber als erwachsener Firmbegleiter auch die eigene Verletzbarkeit einzubringen.

Die Vorbereitung auf den Empfang der Firmung soll den Jugendlichen die Vieldeutigkeit und auch die Angreifbarkeit des Christseins als Risiko und Chance ihres Erwachsenwerdens im Glauben klarmachen.

Wenn es gelingt, den jungen Leuten ihre Mitverantwortung für das Leben der Gemeinde als eine Einladung zu freiwilliger, kreativer und auch kritischer Mitarbeit verständlich zu machen, ist viel gewonnen. Es ist wichtig, dass sie lernen, unwürdige Formen einer passiven, unintelligenten Gehorsamsethik hinter sich zu lassen und die Freude an der Freiheit zu entdecken, die auch öffnen will für ein persönliches Ja zur Verbindlichkeit des Christseins. Denn: *„Zur Freiheit hat uns Christus befreit“* (Gal 5,1). *„Wenn euch also Christus befreit hat, dann seid ihr wirklich frei“* (vgl. Joh 8,36).

An vielen Stellen in der Bibel, wo es um den Geist Gottes geht, ist von der Ansprechbarkeit des Menschen und zugleich von der Sendung, dem Freiwerden des Menschen in sein je eigenes Umfeld hinein die Rede. Beides ist beim Sakrament der Firmung zu sehen: Ohne die Offenheit des Menschen geht es nicht, und ebenso wenig können wir ihm, der „die Gabe Gottes, den Heiligen Geist" empfangen hat, vorschreiben, welche Wege er nun zu gehen hat. Was wir aber tun können und tun sollen, das ist, mit Gott täglich über unsere Kinder und Enkel zu sprechen und sie mitsamt ihrem Weg – mit ihren Umwegen und Irrwegen – dem hinzuhalten, der alle Wege des Menschen mitgeht. Firmung ist das Sakrament der stärkenden, befreienden, loslassenden Liebe Gottes.

Eucharistie feiern

Was möchten Sie Ihren Lieben einmal als Zeichen der Erinnerung, als Vermächtnis hinterlassen? Eine heikle Frage an uns Erdenbürger, die wir so viel von materiellen Werten halten und meist erst bei längerem Nachdenken auch Unvergängliches in den Blick nehmen. Manchem von uns haben die Eltern vor ihrem Tod eingeschärft: Haltet in Frieden zusammen! Helft einander, wenn es nötig ist! Und auch: Vergesst uns nicht!

Die Eucharistie – das Brotbrechen, wie es die ersten Christen nannten – ist deswegen zum Sakrament, zum heiligen Zeichen geworden, weil es das Abschiedsgeschenk Jesu am Vorabend seines Leidens und Sterbens war. *„Mein Leib, mein Blut für euch"* und *„tut dies zu meinem Gedächtnis"* (vgl. Lk 22,19 und 1 Kor 11,23–25).

Am Abend vor dem eigenen Tod geht es um Zentrales. Da kommt es auf jedes Wort an, auf jede Geste, auf das Ganze des Lebens. Während die ersten drei Evangelien wie auch Paulus im ersten Brief an die Korinther das Abendmahl in den Mittelpunkt stellen, geht Johannes noch weiter. Er sieht im Zeichen der Fußwaschung (Joh 13,1–20) den Höhepunkt des Mahles: „*Begreift ihr, was ich an euch getan habe? ... Wenn ich, der Herr und Meister, euch die Füße gewaschen habe, dann müsst auch ihr einander die Füße waschen. Ich habe euch ein Beispiel gegeben, damit auch ihr so handelt, wie ich an euch gehandelt habe*" (Joh 13,12f).

Die Eucharistiefeier, die heilige Messe, ist also nicht nur ein Gedächtnismahl. Vielmehr bleibt Christus in der Gestalt von Brot und Wein wie auch in der Hingabe an die Menschen gegenwärtig. Wie die Feier der Eucharistie das Zentrum der Gemeinschaft der Kirche und zugleich ihre bleibende Kraftquelle ist, so wird im Zeichen der Fußwaschung sichtbar, dass diese Feier Konsequenzen nach sich zieht: den Dienst am Nächsten im Kleinen wie im Großen.

Zugleich wird deutlich, dass die Gemeinde, wenn sie zum Herrenmahl zusammenkommt, nicht sich selbst feiert, sondern den Stifter dieses Mahles, Jesus Christus: „*Deinen Tod, o Herr, verkünden wir, und deine Auferstehung preisen wir, bis du kommst in Herrlichkeit!*" Es ist gut, sich das von Zeit zu Zeit in Erinnerung zu rufen.

Es würde auch die Vorbereitung gerade von Kinder-, Jugend- und Familiengottesdiensten entlasten, die nicht Aufführungen gleichen müssen, weil die Danksagung und der Lobpreis für das Erlösungshandeln Christi als Mittelpunkt der Feier schon da ist.

Es ist bedeutsam, dass uns Christen klar ist und immer wieder neu klar wird, dass die Feier der Eucharistie die beste und vielleicht sicherste Gelegenheit zur Christusbegegnung darstellt. Auch für die Emmausjünger kam die Wende, als sie nach ihrer Flucht aus Jerusalem ihren Weg, ihre Gespräche, ihr Fragen und Nicht-verstehen-Können mit hineinnehmen konnten in das *„Bleibe bei uns"*, hinein in das Brotbrechen, in den Segen, den Christus über alles sprach. So konnten ihre Augen geöffnet werden. Sie erlebten in dieser „Eucharistiefeier" nicht nur das Glück der Gegenwart des Auferstandenen, sondern auch die Freude, dass ihre Herzen schon auf dem Weg des Zweifelns und Suchens angefangen hatten zu brennen.

Die Weggemeinschaft mit Christus und miteinander wird am Nachhaltigsten aus der Eucharistie gespeist und gestärkt. Sie ist und bleibt das Vermächtnis Jesu, und wir feiern sie deshalb regelmäßig, damit wir ihn nicht aus dem Gedächtnis verlieren. Das Sakrament der Eucharistie ist das heilige Zeichen der aktuellen und bleibenden Gegenwart Christi.

Priester sein

Das Sakrament der Priesterweihe steht in engem Zusammenhang mit der Feier der Eucharistie. Das ist aber nur ein Aspekt priesterlicher Berufung. Hinzu kommt der Dienst an der Einheit der Gläubigen, und diese wiederum wächst aus der Verkündigung des Evangeliums, denn *„der Glaube gründet in der Botschaft, die Botschaft im Wort Christi"* (Röm 10,17). Der Dienst am Wort, wie ihn auch das Zweite Vatikanische Konzil als herausragende Aufgabe des Priesters hervorhebt, schafft erst die Voraussetzung zur Spendung und zum Empfang der Sakramente.

Dass Jesus für die priesterlichen Dienste Männer berief, begründet das Lehramt mit seiner Verwurzelung in der jüdischen Tradition. Warum hat Jesus nicht auch hier neue Akzente gesetzt? Zu seiner Zeit gab es in anderen Religionen und Kulturen auch Priesterinnen. Das „Nichtkönnen" der römischen Kirche hinsichtlich der Frauenordination wird nicht für immer haltbar sein. Das hoffen viele Christen.

Wir tun jedenfalls gut daran, die Gruppe der Zwölf als Vorbilder unserer Bischöfe und Priester nicht allzu sehr zu idealisieren. Sie waren alles andere als ideal. Vor Pfingsten waren sie keine „Säulen", sondern Wackelkandidaten, wie die Beispiele eines Petrus und anderer Jünger zeigen. Jesus Christus hat sie dennoch mit seiner Sendung und mit Heiligem Geist ausgestattet, um uns zu zeigen, dass es für die Nachfolge Christi nicht darauf ankommt, fehlerfrei, über alle Zweifel erhaben und mit unfehlbarem Urteilsvermögen ausgestattet zu sein, sondern sich mit dem ganzen Leben als Zeuge dem universalen Auftrag Christi zu stellen.

Ich hatte das Glück, im Laufe meines Lebens vielen guten, vorbildlichen Priestern zu begegnen. Unser Pater Ulrich etwa, ein liebenswürdiger Franziskaner, der uns als väterlicher Pfadfinderkurat schon in den Fünfzigerjahren zur Messe im Freien und zur Beichte beim Wandern einlud, blieb mir als Glaubensberater und Lebensbegleiter in bester Erinnerung. Später habe ich vor allem in geistlichen Bewegungen Priester schätzen gelernt als „Weggefährten auf Augenhöhe". Viele gute, dauerhafte Freundschaften sind daraus entstanden.

Wir brauchen den Priester. Auch wenn sein Dienst heute leider oft vom Management für mehrere Gemeinden behindert und manchmal verdunkelt wird, so bleiben seine Nähe zu den Menschen, sein Wort, seine Vermittlung der Frohen Botschaft wie auch sein Kultdienst unverzichtbare Bestandteile seiner Berufung. Natürlich hoffe ich mit vielen Christen, dass die Not fehlender Priester, die zu einer großen Gefahr für den Bestand und die Einheit der Gemeinden geworden ist, bald zu den Lösungen führt, die wir als Getaufte, also „Geistbegabte", klar sehen müssen: Die Offenheit in den Gemeinden wächst, den ehelosen Priester ebenso anzunehmen wie den verheirateten, denn das Charisma priesterlicher Berufung ist nicht auf einen einzigen Lebensstand eingeengt. Es gehört längst zur Überzeugung vieler Bischöfe, dass keine vernünftigen Gründe dagegen sprechen, bewährten verheirateten Männern die Hände aufzulegen. Der Disput um historische oder theologische Einwände verliert zusehends an Glaubwürdigkeit. Er isoliert sich selbst, wenn er nicht verhindert, dass die Gemeinden von ihrem Kern, von der Eucharistie her, ausbluten. Schon jetzt resignieren viele Gläubige und verlassen das sakramentale Leben der Kirche. Die Vereinsamung der Priester tut ihr Übriges, wenn sie der Belastung durch größere Seelsorgegebiete nicht mehr standhalten können.

Auf einer Pilgerschaft wird vielen ganz neu und unmittelbar bewusst, wie wichtig die Dienste und Aufgaben des Priesters für das Leben der Gemeinde sind. Viele erkennen das gerade deshalb neu, weil sie im Unterwegssein – im Abstand zur gewohnten Alltagssituation zu Hause – mit anderen Augen zu erkennen vermögen, worauf es ankommt. Und auch die Priester, die sich mit andern zusammen auf den Weg begeben, spüren, wie notwendig und befreiend ihr Dienst als Seelsorger, ja als Menschensorger im Geist Jesu auch heute noch ist.

Dieses Miteinander war nicht immer so. In einigen Kathedralen entlang des Jakobsweges bestaunt man den mitten ins Kirchenschiff eingebauten *Coro* aus dem 14. bis 16. Jahrhundert, ein meist großartiges, holzgeschnitztes Chorgestühl mit zahllosen kunstvoll gearbeiteten Reliefszenen aus der Heilsgeschichte. Hier wollte der Klerus ganz unter sich sein – abgeschirmt vom einfachen Volk. Hier fand das Chorgebet statt, natürlich in Latein, das die Ungebildeten ohnehin nicht verstehen konnten. Heute empfinden wir diesen geistlichen Separatismus nur noch als peinlich.

Eines der Reliefs im *Coro* der Kathedrale von Burgos zeigt die Emmausszene. Die beiden Jünger sitzen im Pilgerhabit am Tisch mit dem Herrn. Das weist auf den tiefsten Sinn priesterlichen Wirkens hin: Der Priester *in persona Christi*, der die beiden Pilger auf ihrem Weg begleitet und ihnen den Sinn ihres Lebens, Fragens und Suchens erschließt, kehrt mit ihnen ein zum Brotbrechen. *„Da gingen ihnen die Augen auf, und sie erkannten ihn ... und sie sagten zueinander: Brannte uns nicht das Herz, als er mit uns ging und uns den Sinn der Schrift erschloss?“* (vgl. Lk 24,13f). Welche Dimension geistlichen Dienens tut sich hier auf! Es ist der Dienst des Priesters am „pilgernden Gottesvolk“.

Auch wenn es etwas idealisiert sein mag, ich glaube doch, dass diese Vision realisierbar ist: Wenn junge Menschen daran denken, sich für einen priesterlichen Beruf zu entscheiden, sollten sie sich vor, während und nach ihrer Ausbildung, am besten jedes Jahr einmal, auf einen Pilgerweg begeben –

allein oder mit anderen zusammen. Auf dem Weg erleben sie „mit Haut und Haaren“ etwas von der Nähe Jesu auf ihrer Wanderschaft, sie entdecken die Leichtigkeit und den Reiz der unmittelbaren Berührung mit den Menschen auf dem Weg und entlang des Weges. Sie erleben „Christus-Nachfolge live“. Und sie erleben, wie Menschen sich mehr an ihrem persönlichen Lebens- und Glaubenszeugnis orientieren als an ihrer Theologie. Denn *„der heutige Mensch hört lieber auf Zeugen als auf Gelehrte, und wenn er auf Gelehrte hört, dann deshalb, weil sie Zeugen sind“* (Papst Paul VI. in *„Evangelii nuntiandi“*, 1975, 41).

Wir Christen müssen neue Wege finden und gehen, um junge Menschen für das Priestersein zu gewinnen, sie auszubilden und in ihrem Dienst zu begleiten. Das kann gelingen, wenn wir bewusster daraus zu leben versuchen, dass Gott jeden Einzelnen beim Namen ruft (vgl. Jes 43,1). So setzt auch der Ruf zum Priestersein die Hörbereitschaft des Menschen voraus. Im Hören auf die Führung Gottes reift der Mensch in die totale Verfügbarkeit hinein. Das Sakrament des Priestertums ist das Zeichen der sich verschenkenden Liebe Gottes.

Die Ehe

Zwei junge Leute, die sich vor nicht allzu langer Zeit auf dem Jakobsweg kennengelernt hatten, erfüllten sich ihren Herzenswunsch. Sie gingen zusammen noch einmal von Burgos aus in drei Wochen bis nach Santiago. Dort wurden sie in der *Corticela*-Kapelle in der Kathedrale von Compostela getraut. Nur die engsten Angehörigen und einige Mitpilger, die sie unterwegs kennengelernt hatten, bildeten die mitfeiernde Gemeinde. Sie wurden Zeugen des Beginns eines gemeinsamen Lebensweges, der sich am Wesentlichen ausrichtet: an der verbindenden und verbindlichen Weggemeinschaft mit Christus. Für diese beiden jungen Leute, und nicht nur für sie, ist ihr Ja zueinander ein heiliges Zeichen, ein Sakrament, weil Christus in ihrem Bund der Dritte, die wirkmächtige Mitte ist.

Dieses Beispiel ist mehr als nur ein schönes Bild. Denn was sich auf einer Pilgerschaft im täglichen Aufbrechen und Gehen, im Miteinanderteilen des Lebensnotwendigen, im Reden und Schweigen, beim Lachen und Weinen, in Schmerzen und Freuden ereignet, ist pures Leben. Es gibt Zeiten, da geht der eine voraus, der andere hinkt nach. Jeder mit den eigenen Lebensrhythmen, Anfälligkeiten und Empfindsamkeiten, jeder mit seiner Geschichte, seinen Hoffnungen und Visionen, mit seinen Ängsten und Gefährdungen. Je mehr sich die beiden auf dem Weg kennenlernen, desto mehr lernen sie auch die Kunst der Achtsamkeit füreinander. Sie lernen, aufeinander zu warten und einander im Blick zu behalten, aber auch, sich loszulassen in die je persönliche Einsamkeit und Einmaligkeit hinein. Schon oft haben verliebte Paare auf dem Jakobsweg erkennen müssen, dass es nichts wirklich Tragfähiges, kaum Verbindendes, auf Dauer Angelegtes in ihnen gab, und ihre Wege haben sich wieder getrennt. Nur verliebt miteinander zu gehen, hilft nicht weiter – nicht auf der Pilgerschaft und auch nicht im Alltag des gewöhnlichen Lebens. Man kann sich nicht ständig in die Augen schauen. Aber je öfter Verliebte wie auch Eheleute in die gleiche Richtung sehen und gehen, umso näher kommen sie sich und um so näher kommen sie dem Sinn ihres Lebens, Leben weiterzuschenken in der Kraft Gottes, der seine Verheißung wie einen Regenbogen über ihr Leben spannt.

Kinder zu zeugen ist nicht der einzige Sinn der Ehe. Das Erste und Wichtigste ist, mit den Worten der Bibel gesprochen, *„ein Fleisch"* zu sein, ganz Mensch zu werden, sozusagen eine „Gesamtperson" zu werden. Leben zu spenden geht über die biologische Fruchtbarkeit weit hinaus. Meine Frau und ich erleben gerade jetzt als Großeltern, wie viel Leben noch zu schenken ist ins Wachsen und Reifen der Enkel, in gelingende Beziehungen der Kinder, die längst selbstständig, erfolgreich – und kirchendistanziert geworden sind. Leben zu schenken als Ehepaar ist ein Zeugnis – im doppelten Sinn des Wortes: Es hilft zum Menschsein, es hilft, suchen und fragen zu lernen nach dem eigentlichen Leben und nach Gott, dem Schöpfer allen Seins. Darum ist die Ehe ein heiliges Zeichen. Sie ist das Sakrament der schenkenden und empfangenden Liebe.

Krankensalbung

„Ist einer von euch krank? Dann rufe er die Ältesten der Gemeinde zu sich; sie sollen Gebete über ihn sprechen und ihn im Namen des Herrn mit Öl salben. Das gläubige Gebet wird den Kranken retten und der Herr wird ihn aufrichten" (vgl. Jak 5,14–15). Das ist der klassische Text, mit dem die Kirche das Sakrament der Krankensalbung feiert. Früher hieß es etwas missverständlich „Letzte Ölung", weil es von den vier Sakramenten, bei denen geweihtes Öl (Chrisam) verwendet wird – bei Taufe, Firmung, Priesterweihe und Krankensalbung – das letzte ist.

In der Regel wird die Krankensalbung bei schwerer Krankheit gespendet, eventuell auch zusammen mit der Kommunion, die in diesem Falle auch als „Wegzehrung" den Kranken oder Sterbenden aufrichten und stärken soll. Die Kirche will mit diesem Zeichen ernst nehmen, dass unser Leben Krankheit, Leid und Tod einschließt, weil wir sterbliche Wesen sind. In diese Wirklichkeit hinein will sie in Treue zu Christus die heilende Nähe Gottes vermitteln. Das Zweite Vatikanische Konzil hat die Krankensalbung wieder neu ins Bewusstsein der Gläubigen gerückt als Sakrament zur Festigung und Heilung in Zeiten gesundheitlicher Schwächung und Not.

Das Öl als Frucht des Ölbaums, der gerade auf kargem, trockenem Boden besonders gedeiht, symbolisiert den Geist Gottes und die von ihm ausgehende geistliche, schöpferische Kraft. So will die Krankensalbung ein Zeichen des Heils sein und in Zeiten der Gefährdung für Leib und Leben Zuversicht und Stärkung schenken, insbesondere auf der letzten Etappe menschlicher Pilgerschaft. Die Feier des Sakraments besteht im Wesentlichen in der Salbung der Stirn und der Hände des Empfangenden. Der Priester spricht dabei: „Durch diese heilige Salbung helfe dir der Herr in seinem reichen Erbarmen, er stehe dir bei mit der Kraft des Heiligen Geistes."

Heute wird in vielen Gemeinden die Krankensalbung bei besonderen Gelegenheiten auch allgemein angeboten und gespendet, so zum Beispiel in Gottesdiensten mit älteren oder kranken Menschen. Priester erzählten mir, dass sie bei ihrer Pilgerschaft auf dem Jakobsweg meist ein kleines Gefäß mit Chrisamöl mit sich führen. Jedes Jahr hören oder lesen wir von Pilgern, die auf ihrem Weg nach Santiago schwer erkrankt die Heimreise antreten mussten; im Zuge des noch immer anwachsenden Pilgerstroms kommt es jedes Jahr auch zu Todesfällen auf dem Weg. Für die Seelsorge am Jakobsweg wird daher auch dieser Aspekt zunehmend eine Rolle spielen müssen: Gottesdienste anzubieten, in denen bei Bedarf die Krankensalbung gespendet wird. Angesichts der großen körperlichen und seelischen Belastungen und Gefährdungen, denen sich viele Pilger bewusst oder unbewusst im Verlauf ihrer Pilgerschaft nach Santiago aussetzen, kann das Heilszeichen der Krankensalbung stärkend und ermutigend wirken. Denn dieses Sakrament ist das Zeichen der aufrichtenden und vollendenden Liebe Gottes.

Farbe bekennen

Die gotische Kathedrale von León zu besuchen, gehört zu den Höhepunkten einer Pilgerschaft auf dem Jakobsweg. Sie wurde im Jahre 1205 begonnen und Anfang des 14. Jahrhunderts fertiggestellt. Man steht zunächst tief beeindruckt vor der wundervoll gegliederten Westfassade mit ihren wuchtigen Türmen und tritt dann vom sonnenüberfluteten Vorplatz ins mystisch-dunkle Innere. Vom ersten Moment an ist man überwältigt vom grandiosen Lichtspiel in den Buntglasfenstern. Rund 1800 Quadratmeter vielfarbiger Glasscheiben umhüllen den Kirchenraum und vermitteln eine Atmosphäre der Schwerelosigkeit, spirituellen Dichte und großer Würde.

Diese Farbenfülle, so kam mir immer wieder in den Sinn, weist in ihrer unendlich vielgestaltigen und zugleich doch von vollkommener Harmonie durchwirkten Schönheit auf ein Charakteristikum christlichen Lebens hin: dass es wesentlich darauf ankommt, als getaufter und gefirmter Christ Farbe zu bekennen. Wie diese Glasfenster auf je verschiedene Weise aufgebaut und ihre Scheiben mit kontrastierenden Farben bemalt wurden, stellen sie ein Sinnbild unserer christlichen Existenz dar. Die Farben und Formen allein könnten aber noch nicht alles erkennen lassen und aussagen, was ihre Schöpfer zum Ausdruck bringen wollten. Das wird erst möglich durch das Sonnenlicht. Die von außen eindringende Strahlkraft der Sonne vermag die Farben in ihrer ganzen Fülle zu entzünden.

Christen, die Farbe bekennen, nennt das Neue Testament „Apostel". Die Grundhaltung, aus dem Ergriffensein von

Christus und seiner Botschaft weiterzusagen und weiterzugeben, was man unmöglich für sich behalten kann und darf, nennen wir darum auch „Apostolat". Es geht dabei nicht um geschäftiges und eiferndes Schwärmertum, sondern um die Entfaltung von Verantwortung für die Strahlkraft christlicher Werte, zum Beispiel echter Geschwisterlichkeit, Gerechtigkeit, Freiheit und Wahrheit, wie sie uns Jesus vorgelebt hat. Die *„Imitatio Christi"* – die Nachahmung Christi – umfasst also alles, was auch er getan hat. Sein Wort und Ruf, sein heilendes Handeln, seine Sorge um Brot für die anderen, sein demütiges Dienen, sein Sammeln von Freunden, sein geduldiges Leiden – es gibt nichts, was uns nicht helfen könnte, etwas vom Wesen Christi in unserem Alltag aufleuchten zu lassen. In unserem Christsein erfährt unsere Umwelt, wie sich christliches Leben auswirkt. Es teilt sich durch unser Leben aus dem Glauben, durch Worte und auch durch Werke mit, denn *„der Glaube für sich allein ist tot, wenn er keine Werke vorzuweisen hat"* (vgl. Jak 2,17). Der Christ steht immer in der Spannung, mit sich selbst, mit Christus und mit der Welt, in der er lebt, in einem offenen und lebendigen Austausch zu sein. Er weiß, dass ohne eine gesunde Achtsamkeit für das eigene Leben die Liebe zu Gott und auch zum Mitmenschen kein glaubhaftes Zeugnis entstehen lässt. Liebe ist Leben, nicht nur ein gutes Werk oder eine Leistung, eine Pflichterfüllung. Liebe ermöglicht Leben, sie ist wie Brot.

Meine Frau und ich hatten als Trauspruch zu unserer Hochzeit den Vers gewählt: *„Als Brot für viele Menschen hat uns der Herr erwählt; wir leben füreinander, und nur die Liebe zählt"* (er stammt aus dem Lied „Das Weizenkorn muss sterben", Gotteslob Nr. 210, der Text ist von Lothar Zenetti). Fast zur gleichen Zeit übernahmen wir damals die Leitung einer geistlichen Bildungs- und Begegnungsstätte, die bald zu einer gefragten Herberge für Jakobspilger wurde. Wir konnten nicht ahnen, wie sehr Gott unser Angebot, *„wie Brot"* für die Menschen da zu sein, annehmen würde und wie konkret das werden kann, wenn man manchmal fast „aufgefressen" wird in diesem Dienst. Aber es wurde unser Apostolat. Wir haben keinen Tag bereut, und jene Tage, an denen wir schmerzlich unsere Grenzen spürten, gerade die Begrenztheit in der Liebe anderen gegenüber, sie sind vielleicht die wichtigsten geworden.

Christliches Leben im Sinne des „Farbebekennens" ist eine Lebensaufgabe. Da gibt es keinen Urlaub und keine Verabschiedung in den Ruhestand. Es gibt aber wohl das tägliche „Ausruhen bei Jesus" oder, wenn das zu fromm klingt, die tägliche „Stille Zeit".

Die Einladung Jesu an seine ausgelaugten Jünger *„Kommt mit an einen einsamen Ort, wo wir allein sind, und ruht ein wenig aus"* (Mk 6,31) ist ein wichtiges Signal für seine Nachfolger. Wer nicht darauf achtet, jeden Tag *„ein wenig"* auszuruhen, Atem zu holen, zu sich zu kommen und das Nichtstun zu genießen, der wird bald ungenießbar für sich und andere. Das Wesentliche wächst in der Stille. Darum kann für einen Christen die regelmäßige Übung der Stille ebenso wichtig sein wie sein Dienst in der Welt. *„Nur in Umkehr und Ruhe liegt eure Rettung, nur Stille und Vertrauen verleihen euch Kraft"* (Jes 30,15). Dieses Wort des Propheten Jesaja hat auch nach 3000 Jahren noch absolute Gültigkeit, gerade in unserer Zeit der Hektik und des kirchlichen Aktivismus.

Das „Gebet ohne Worte“, wie man die tägliche Stille Zeit auch nennen könnte, führt zum Sprechen mit Gott, zum persönlichen Gebet. Das ist gut so. Unser Herz füllt sich ja oft genug mit Bitten, Sorgen und Anliegen, und wir sollen sie unverstellt – ja un-verschämt, das heißt ohne falsche Scham – vor Gott tragen. Viele neue geistliche Gemeinschaften haben gerade diesen wichtigen Dienst in die Kirche eingebracht, nämlich die Menschen zu ermutigen, alles, ihr ganzes Leben, vor Gott zu tragen, und zwar laut und hörbar. Nicht für Gott, sondern für uns selbst ist es wichtig, dass wir unsere eigene Stimme hören. Es tut Seele und Geist und auch dem Leib gut, vor Gott sein Herz auszuschütten, denn so kann der Druck weichen, der Leib und Seele belastet. Wir sprechen ja nicht ohne Grund vom „dicken Hals“, wenn wir unseren Zorn nicht loswerden, oder von der Angst, die uns „die Brust zusammenschnürt“. Die Bibel scheut sich nicht, uns die Fluchpsalmen als eine mögliche und legitime Weise des Betens vorzulegen. Meist endet dieses „unverschämte“ Beten im Lobpreis. Wenn der Mensch seine Wut, seinen Frust, seine Lebensangst und seinen Schmerz Gott vor die Füße geworfen hat, können sich Verkrampfungen lösen, können Wunden heilen. Dann kann ihm vielleicht auch dieses Licht aufgehen: Ich bin ja auch selbst ein Gedanke, ein Wort Gottes. Gott hat schon in mein Leben hinein gesprochen, und in meinem Beten bin und gebe ich Antwort.

„Getrennt von mir könnt ihr nichts tun“, sagt uns Jesus in der Bildrede vom Weinstock (Joh 15,5) am Abend vor seinem Sterben. Das ist die Grundvoraussetzung allen christlichen Handelns. In der Verbundenheit mit Christus gelingt unser Leben, bekommt es – wie die Rebe am Weinstock – Farbe,

Würze und Kraft. Wenn der Christ zum Apostel, wenn sein Handeln in der Welt zum Apostolat werden soll, wenn er wirklich als Jünger Christi Farbe bekennen will, wo immer er lebt und arbeitet, dann wird das nur möglich sein aus einer Verbundenheit mit Christus, die Herz und Verstand, Geist und Gemüt – das Ganze meines Lebens – umgreift.

Hindernisse

Es gehört zur guten, wohl überlegten und verantwortungsvollen Vorbereitung einer Pilgerschaft – nicht nur auf dem Jakobsweg, aber da besonders –, sich sorgfältig mit den Gefahren, Risiken und Hindernissen auseinanderzusetzen, die trotz aller Vorsicht eintreten können. Selbst wenn alles stimmt – angefangen bei den passenden und möglichst eingelaufenen Schuhen über den gut sitzenden und nur mit dem Nötigsten gepackten Rucksack bis zum Blasenpflaster –, kommt man um Hindernisse und Schwierigkeiten nicht herum. Das kann bei der Überquerung der Pässe sein, wenn Nebel, Regen und rutschige Pfade das Gehen schwer machen; es gibt fahrlässig oder absichtlich veränderte oder zerstörte Wegschilder, die in falsche Richtungen führen und lästige Umwege verursachen; und es gibt natürlich die inneren Hindernisse: Zweifel am Sinn der Mühen und Plagen dieses Weges, Durststrecken im echten wie im übertragenen Sinne, und es gibt Mitpilger, die mehr behindern als helfen.

Das sieht auf dem „Pilgerweg des Glaubens" nicht anders aus. Auch wenn ein Mensch religiös beheimatet aufgewachsen ist und kaum Brüche in der Erziehung dem aufrechten Werden und Wachsen entgegenwirkten, muss er sich mit Hindernissen auf seinem Weg auseinandersetzen. Der Mensch begegnet dem Bösen, dem Misstrauen, der Verweigerung des Guten. Er erlebt, dass andere sich falsch verhalten, sich für zerstörerische Kräfte entscheiden, Unrecht zulassen. Und er erkennt auch in sich selbst Strukturen des Bösen. Hinzu kommt, dass gerade dem Menschen, der sich für das Gute entscheiden will und es auch tut, Widerstände begegnen, deren Kräfte ihn irritieren und niederdrücken. Vor diesen Erfahrungen kann uns kein Psychologe und auch kein Seelsorger schützen.

Es gibt die Sünde und wir sind Sünder. Alles andere wäre gelogen und nur Selbstbetrug. Es ist ebenso traurig wie schicksalhaft, dass uns das Sündersein mit allen Menschen verbindet. Es gibt keinen Menschen, der sich aus dieser Unheilssolidarität herausstehlen und keinen, der das Schild *„Bei mir ist alles in Ordnung"* vor seine Tür hängen könnte. Paulus spricht uns aus dem Herzen, wenn er an die Römer schreibt: *„Ich begreife mein Handeln nicht: Ich tue nicht das, was ich will, sondern das, was ich hasse ... Das Wollen ist bei mir vorhanden, aber ich vermag das Gute nicht zu verwirklichen. Denn ich tue nicht das Gute, das ich will, sondern das Böse, das ich nicht will"* (vgl. Röm 7,15f).

Es scheint tatsächlich ein Nebel über unserem Lebensweg zu liegen, der unser Vorwärtskommen blockiert. Was hilft uns heraus und befreit uns aus Sünde, Schuld und Versagen? Zunächst gilt: Verdrängen hilft nicht weiter, eher das Gegenteil, nämlich die Dinge zu sehen, wie sie sind. Es gibt das Böse, das ist unbestreitbar. Jeden Tag sind Zeitungen und Fernsehen voll davon. Es gibt Gemeinheiten und menschenverachtende Grausamkeiten. Es gibt den heimtückischen, hinterhältigen Angriff auf meinen guten Ruf, auf meine Friedfertigkeit, auf mein Leben. Und auch im Blick auf meine eigene Geschichte erkenne ich Abgründe genug, die mich erschrecken lassen.

Aber im Blick auf den einzigen Menschen, der frei von jeder Sünde war, Jesus von Nazaret, den wir Christen als den Christus, den geliebten Sohn Gottes, glauben, erkennen wir neue Wege, wie wir mit Sünde umgehen können. Ihn halten selbst öffentlich bekannte Sünder nicht davon ab, sich mit ihnen an einen Tisch zu setzen, mit ihnen zu reden und zu feiern oder sie sogar zu heilen. Für Christus sind Sünden keine endgültigen Mauern, sondern lediglich Hindernisse, Stufen, Gräben, mit denen man ehrlich, nüchtern und konsequent umgehen muss, um sie zu überwinden. Er schaut auf die Sünde nicht mit dem Auge des urteilenden und verurteilenden Gesetzes, sondern mit dem Auge der Liebe: *„Nicht die Gesunden brauchen den Arzt, sondern die Kranken"* (Mt 9,12) und: *„Als er die vielen Menschen sah, hatte er Mitleid mit ihnen, denn sie waren wie Schafe, die keinen Hirten haben"* (Mk 6,34). Er sieht die Menschen aus dem Blickwinkel der Gnade Gottes. Wir erinnern uns: Gnade ist das Ja Gottes zum Menschen. Es ist der Atem Gottes, der will, dass wir leben. Warum? Weil wir sein Bild in uns tragen. Darum starrt Gott nicht auf die Sünde wie wir. Er ist kein Polizist, der uns ertappen will; er ist vielmehr der Vater, der unsere Heimkehr kaum erwarten kann und uns entgegeneilt. *„Der Vater sah ihn schon von Weitem kommen, und er hatte Mitleid mit ihm"* (Lk 15,20f).

Diese Augen möchte ich haben! Nur ein frommer Wunsch? Ich möchte diesen Blick lernen, zumindest einüben – den Blick, der weder mich noch die anderen auf ihre Schwachstellen und immer wieder aufbrechende Bosheiten und Grenzen festnagelt, den Blick, der auch noch den Angriff, die Kränkung, den zugefügten Schmerz nicht für unverzeihlich hält. Ich möchte mit dem Blick der Liebe – ohne Unrecht zu verharmlosen – teilnehmen am Bahnen neuer Wege zueinander. Und ich möchte den Mut lernen, Unrecht und Sünde beim

Namen zu nennen und zugleich Horizonte zu eröffnen für Versöhnung und neue Anfänge.

An den in den Eingangsbogen der Kathedrale von *Astorga* eingefügten Reliefs sind biblische Szenen solcher Horizonteröffnungen dargestellt: rechts die Begegnung Jesu mit dem reichen jungen Mann, der sich dem neuen Anfang verweigert, auf der linken Seite die Heilung des Blinden. Es gab uns jedes Mal zu denken, dass dieser Blinde im Pilgergewand gezeigt wird. Für uns heißt das nicht nur, als Pilger auf dem Jakobsweg mit wachen Augen die Zeugnisse unseres Glaubens in Kunst und Kultur zu erkennen und dankbar zu würdigen. Vielmehr gilt die Botschaft der Blindenheilung unserer gesamten Glaubensexistenz: Lass dir die Augen öffnen für deine Würde, für dein Gerufensein seit Ewigkeit, für dein in Liebe gewolltes Dasein in dieser Welt – zu deinem und der Menschen Heil und zum Lob Gottes. Lass dich aus der Blindheit des Egoismus herausholen zum Sehendwerden in der Kraft der Liebe.

Dabei werden immer wieder Hindernisse auftreten. Um mit ihnen klarzukommen, braucht man zwei Dinge: Liebe und guten Willen. Und oft auch eine gute Portion Humor!

Bei unseren Pilgerfahrten nach Santiago wird immer viel gesungen und gelacht. Einmal nahm ein Priester unserer Diözese als geistlicher Begleiter teil. Um ihn ein wenig aus der Reserve zu locken, erzählte ich einmal folgende – natürlich erfundene – Anekdote: „In den letzten Wochen, als wir diese Pilgerreise vorbereiteten, gab es auch manche Probleme, angefangen bei den Quartierbuchungen bis zur Frage, welche Leute sich wohl anmelden würden. Manchmal verfolgten mich unruhige Gedanken bis in den Schlaf. Und stellen Sie sich vor, da träumte ich doch kurz vor unserer Reise tatsächlich, ich sei gestorben. Alles um mich herum war in Wolken gehüllt, und eine Lichtgestalt – ein Engel? – führte mich zu einer hohen Leiter, die bis über die Wolken in den Himmel reichte. Er drückte mir ein Stück Kreide in die Hand und sagte: Jetzt steigst du diese Leiter hinauf, und jedes Mal, wenn dir eine Sünde aus deinem Erdenleben einfällt, machst du einen Strich an die Leiter. Das tat ich. Immer wieder brachte ich meine Striche an. Ich war schon ziemlich weit oben, als ich noch viel höher über mir einen schwarzen Punkt bemerkte, der allmählich näher kam. Es war ein Mann, der die Leiter heruntersteig. Als er neben mir stand, sah ich: Es war unser Pfarrer. Ich sagte ihm: Roland, hinauf müssen wir, hinauf, nicht runter! Er schüttelte nur den Kopf und sagte im Hinabsteigen: Sei still! Ich muss nochmals runter, muss mir eine neue Kreide holen!“

Soweit der Witz. Als sich das schallende Gelächter unserer Gruppe, in das auch unser Priester aus vollem Halse einstimmte, wieder gelegt hatte, meinte dieser: Na ja, wahrscheinlich werde ich öfter neue Kreide holen müssen. Womit der Witz vollends seine Erdung bekam.

Oh Gott, das Kreuz!

Wenn man hinter *Astorga* weiterwandert, durchquert man einen Tag lang das Heideland der *Maragatería*. Auf guten, aber ständig ansteigenden Pfaden gelangt man zum *Rabanal*-Pass, der in früheren Jahrhunderten die einzige Verbindung zwischen Kastilien und Galicien war. Nach einigen Weilern erreicht man, kurz hinter dem noch vor Jahren fast verfallenen, inzwischen wieder aufgebauten Dorf *Foncebadón*, das berühmte Eisenkreuz, das *Cruz de Ferro*. Seit Jahrhunderten legen die Pilger hier einen Stein, den sie meist aus der Heimat mitgebracht haben, auf den stattlich angewachsenen Hügel, aus dem ein hoher, schlanker Stamm mit dem Kreuz darüber aufragt. Manche Steine sind beschriftet mit Namen von Pilgern aus allen möglichen Ländern. Auf einigen steht nur „Danke" oder auch „für ..." und ein Name. Was immer der Einzelne mit seinem Stein verbindet – Dank, Freude, Schuld, Sorgen oder Lasten –, an diesem Kreuz wird klar, was uns Christen das Kreuz bedeutet und was es für jeden Menschen bedeuten kann: Befreiung und Erlösung.

Manchem Pilger, der an diesem Steinhügel mit dem Eisenkreuz Rast macht und seinen Rucksack absetzt, entweicht ein stöhnendes „Oh Gott, mein Kreuz", womit er natürlich seinen Rücken meint, der sich mitunter schmerzhaft bemerkbar machen kann. Viele haben schon lange, bevor sie diesen Punkt auf dem *Monte Irago* erreichten, ihren Rucksack um Pfunde erleichtert. Manches wurde nach Hause geschickt, anderes verschenkt oder einfach entsorgt. Auch die Erfahrung, mit wie wenig ein Pilger unterwegs auskommen kann, von wie vielen belastenden Dingen man sich lösen – oder erlösen lassen – muss, ist eine der heilsamen Erkenntnisse der Pilgerschaft.

Auch zum geistigen Rückgrat des Pilgers gehört der Verzicht auf Entbehrliches, Unwesentliches, nutzlos Belastendes. Was er beim Aufbruch noch nicht wahrhaben wollte, lehrten ihn der Weg – und sein Körper. Die Jahresberichte der Ärzte und Krankenkassen weisen inzwischen aber auch nach, dass die meisten Rückenschmerzen psychosomatischer Natur sind. Dazu kommen Bewegungsmangel und ungesunde Körperhaltungen – vor allem in den sogenannten „sitzenden Berufen". Anders gesagt: Bequemlichkeit schadet dem Rückgrat. Bequeme Sessel, weiche Polster, Autositze und Büromöbel fördern die Degeneration der Wirbelsäule, der wir doch den aufrechten Gang verdanken.

Körper, Seele und Geist bilden eine Einheit. Das berührt auch unsere Religiosität, unser Christsein. Die Symbolik des „Rucksacks" für all das Belastende, das wir im Laufe unseres Lebens mit uns schleppen, steht in enger Beziehung mit der Belastbarkeit unserer „inneren Haltung". So liegt es nahe, die Klage vom „Kreuz mit dem Kreuz" auch zu übersetzen in die Frage, wie es um unser christliches Rückgrat steht. Jeder von uns weiß, was gemeint ist, wenn wir von einem „aufrechten Menschen" sprechen. Menschen mit Rückgrat zollen wir Respekt und Hochachtung. Sie sind für uns Leitfiguren, Vorbilder. Zu Recht fragte die Nachkriegsgeneration nach dem Rückgrat derer, die billige Kompromisse mit der Nazidiktatur eingegangen waren und ihr christliches Profil zu verbergen suchten. Uns Heutigen steht es nicht zu, darüber zu urteilen, doch es ist unser Auftrag, daraus zu lernen und alles daran zu setzen, Christsein wieder zu einem Bekenntnis mit Format werden zu lassen.

Ein Punkt, an dem das besonders deutlich werden kann, ist die Auseinandersetzung mit dem Kreuz, dem Zeichen christlichen Glaubens, dem Heilszeichen der Erlösung. Es macht Christen zuweilen Probleme. Die einen sind es einfach nur gewohnt, ein Kreuz in der Wohnung zu haben, natürlich ein möglichst kunstvolles. „*Glaub'n tun mir zwar nix, aber ma braucht halt was Sakrales*", raunzte ein Wiener einem entsprechenden Frager zurück. Wir Christen sind an das Kreuz gewöhnt. Der schreckliche Anblick eines grausam zu Tode gemarterten Menschen stört uns nicht mehr. Wir haben daraus ein Schmuckstück gemacht. Es ist für uns kein Gegen-Stand mehr, kein Zeichen, das unseren „Stand" hinterfragt, stört oder gar aufrüttelt. Das Kreuz irritiert Christen kaum noch. Es schockiert uns nicht mehr – ganz anders als jenen indischen Studenten, der sich in München von der katholischen Vermieterin sein Zimmer zeigen ließ. Dort sah der Hindu ein schönes, ausdrucksvolles Kreuz aus dem Grödnertal. Er wandte sich erschrocken ab und rief entrüstet: „*Aber das hier muss weg, das ist ja furchtbar!*"

Wie sieht es aus mit unserem christlichen Rückgrat? Wie steht es um unseren aufrechten Gang angesichts der Entchristlichung der Länder Europas, die doch einmal das „christliche Abendland" bildeten? Wie wirkt heute das Goethewort auf uns: „*Europa ist durch die Pilgerschaften gewachsen, und das Christentum ist seine Muttersprache*"? Lähmt uns die Erinnerung an die dunkle Geschichte des Christentums? Lassen wir uns lahmlegen von Kräften, die mit ihrem immer rückwärts gerichteten, auf Schuld und Versagen der Christen fixierten Blick keine Notiz von unserer Umkehr und Neuorientierung nehmen wollen? Haben wir unser christliches Profil aufgegeben? Warum halten wir nicht mit unserem Zeugnis dagegen, das besagt, dass Gott den Menschen als „Ebenbild" gewollt hat? Zumal als Getaufte sind wir von Anfang an berufen, der Welt, in der wir leben und zu der auch wir selbst, also auch die Kirche gehören, Orientierung und Halt zu geben durch unseren demütigen Dienst und unser Zeugnis. Wir glauben und bekennen doch den Gott, der in seiner Größe dem Menschen dient – und der zu jeder Zeit an den Menschen geglaubt hat. *„Was ist der Mensch, o Gott, dass du auf ihn achtest"*, so betet der Psalmist, *„du hast ihn nur wenig geringer gemacht als Gott, du hast ihn mit Herrlichkeit und Ehre gekrönt"* (Ps 8,6). Christsein weist über bloßes Menschsein hinaus. Es sprengt die Grenzen von Kleinmut, Angst und Selbstsicherung. Gerade das Kreuz ist für uns darum zu einem Siegeszeichen geworden, weil Christus durch seinen Tod hindurch und in seiner Auferstehung die Schranken durchbrochen hat, die uns in uns selbst verriegeln wollten.

Jeder von uns hat Gaben, Talente und Fähigkeiten mitbekommen für sein Menschsein. Dazu gehört auch die Gabe der Unterscheidung, die eine Gabe des Geistes ist. Wenn Menschwerdung Gottes bedeutet, dass der ewige, unsterbliche Gott sich mit dem Menschen und seiner Kreatürlichkeit verbündet hat, dann gehört uns die Zukunft, weil Gott die ganze Zukunft ist und sie umgreift. Das müssen wir den Menschen wieder sagen und vorleben! Die Sehnsucht der Menschen hat letztlich kein anderes Ziel, als dass sich uns eine bleibende, ewige Zukunft eröffnet, die über das irdische Leben hinausreicht. Wir brauchen sie nicht zu machen. Sie ist schon da.

Wir stecken schon mittendrin. Darum ist es – um mit Jesus zu sprechen – tatsächlich sinnlos und Leben zerstörend, wenn wir unser Leben aus eigenen Kräften „retten" wollen. Es ist ein Weg, der in die Zerstörung führt. Leben wir aber aus der Zusage, dass *„das Reich Gottes schon mitten unter uns ist"* (vgl. Lk 17,21), werden ungeahnte Kräfte frei, um diese Welt mitzugestalten in Liebe und zu ihrer wirklichen Befriedung und Vollendung.

Nicht weil ich um meine eigene Sicherheit besorgt sein muss, brauche ich Rückgrat. Mein ganzer Halt, mein Rückgrat ist das Kreuz Christi, das mir auf die Stirn gezeichnet ist und in dem ich mich jeden Tag von Neuem segnen lasse. Das befreit wirklich. Das weckt schöpferische Kräfte, das ebnet neue Wege zu den Menschen, das bringt tragfähigen Frieden und die wirkliche Freude. Menschen, die Rückgrat haben, sind nicht oft unter den vermeintlich „Großen" zu finden. So wie sich die Größe Gottes im Kleinen, in der jungen Maria von Nazaret, im hilflosen Kind in der Krippe von Betlehem, zeigte, so brauchen auch wir uns nicht vor dem „Kleinsein" in dieser Welt zu fürchten. In uns soll das Bewusstsein wach bleiben, dass uns Gott braucht. Er hat uns in Jesus Christus ohne unser Zutun erlöst. Er will den Menschen und seine Welt nicht ohne unser Zutun heilen und retten.

Begegnung mit der Gemeinschaft

Eins sein

Was ist das Besondere an uns Christen? Eine gute Frage – nicht leicht zu beantworten, ohne sich dem Vorwurf der Einbildung oder Überheblichkeit anderen Menschen, Religionen oder Weltanschauungen gegenüber auszusetzen. Auch sie sind ja sicher „besonders“ auf ihre je eigene, originale Weise.

Ein ganz wesentlicher Punkt des Besonderen unseres Christseins ist es, dass wir zu verkünden und zu glauben wagen: Der unendlich ferne Gott ist uns in Jesus Christus ganz nahe gekommen. In ihm hat er ein menschliches Gesicht angenommen. Er ist der herabgekommene Gott, der uns sterbliche Menschen in Jesus Christus hinaufziehen will in seine Unsterblichkeit. Seine unendliche, unbeirrbare, dem ganzen All, der Schöpfung und darum auch uns Menschen geschenkte Liebe will so sehr unsere schwache Natur umgreifen und umwandeln, dass wir sogar zur Feindesliebe fähig werden. *„Im Verzeihen des Unverzeihlichen sind wir Gottes Barmherzigkeit am nächsten“*, sagte einmal Mutter Teresa.

Von den ersten Christen berichtet die Apostelgeschichte: *„Sie waren ein Herz und eine Seele“* (Apg 4,32). Bei dieser Anerkennung blieb es nicht. Sie wurden verfolgt, weil sie – wie Stephanus – *„den Himmel offen und den Menschensohn zur Rechten Gottes stehen sahen“* (Apg 7,56) – und auch, weil sie selbst noch in Verfolgung und Bedrängnis praktizierten, was Jesus und in der Folge auch Stephanus vorgelebt hatten: *„Liebt eure Feinde, tut Gutes denen, die euch hassen“* (Mt 5,44). Weil sich der Sohn Gottes bis in den schlimmsten Tod hinein den Menschen verband und daraus nicht die natürliche menschliche Konsequenz der Rache und Vergeltung zog, sondern die Ganzhingabe des Lebens aus Liebe als Weg zur Erlösung des Menschen und der Welt bezeugte – darum ist Christsein als Nachfolge Jesu etwas Besonderes, ein „neuer Weg".

Wohl deshalb bezeichnete man die Christen der ersten Zeit als jene, „die auf dem (neuen) Weg sind", die nicht länger verharrten im Althergebrachten, die nicht an der Spirale von Gewalt und Gegengewalt weiterdrehen wollten, sondern die sich für die neue Lebensweise auf der Spur Jesu entschieden. Der rote Faden dazu ist das Bleiben in der Liebe, das Ringen um die Einheit, das Bewahren des Einsseins in und mit Christus.

Ein Pilger sagte mir einmal, der Weg sei in ihn eingedrungen und habe ihn von innen her verändert. Ist es das, was die Umsetzung des Wegwortes Jesu im eigenen Leben bewirkt: *„Ich bin der Weg, die Wahrheit und das Leben"* (Joh 14,6)? Viele spüren in ihrem Unterwegssein, wie ihr Leben Schritt für Schritt in die Einheit mit Christus hineinreift durch ihre tagtägliche, beständige Ausrichtung am Weg, an der Wahrheit, am Leben Jesu. Ein solches Bemühen geht nicht ins Leere – ihm ist „bleibende Frucht" zugesagt: *„Das ist mein Gebot: Liebt einander, so wie ich euch geliebt habe. Es gibt keine größere Liebe, als wenn einer sein Leben für seine Freunde hingibt. Ihr seid meine Freunde, wenn ihr tut, was ich euch auftrage. Ich nenne euch nicht mehr Knechte; denn der Knecht weiß nicht, was sein Herr tut. Vielmehr habe ich euch Freunde genannt, denn ich habe euch alles mitgeteilt, was ich von meinem Vater gehört habe. Nicht ihr habt mich erwählt, sondern ich habe euch erwählt und dazu bestimmt, dass ihr euch aufmacht und Frucht bringt und dass eure Frucht bleibt"* (Joh 15,12–16).

Und noch einmal: „*Bleibt in mir, dann bleibe ich in euch. Wie die Rebe aus sich keine Frucht bringt, sondern nur, wenn sie am Weinstock bleibt, so könnt auch ihr keine Frucht bringen, wenn ihr nicht in mir bleibt; ... getrennt von mir könnt ihr nichts vollbringen*" (Joh 15,4f).

Mit Herz und Verstand einwilligen in dieses Einssein mit Christus, das verändert vieles. Wenn ich manches Mal auf dem Jakobsweg an den Weinstöcken vorbeigepilgert bin – in der *Rioja*, im *Bierzo*, der fruchtbaren Ebene zwischen *Ponferrada* und *Villafranca* – ist dieses Bild des Einsseins der Trauben mit ihrem Rebstock in mir ganz groß geworden. Jede Rebe ist ins Dasein gerufen und für Wachstum, Reife – und für die Freude bestimmt. Das ist die Tatsache und das Geheimnis ihrer Existenz und mehr noch: Ihr Sein ist verbunden mit der geheimnisvollen Tiefe der Verwurzelung im Ganzen der Erde. Die Rebe ist der Mensch. Die Reben sind wir. Der Weinstock ist Christus, der auch uns diese Zusage gibt: „*Dies habe ich euch gesagt, damit meine Freude in euch ist und damit eure Freude vollkommen wird*" (Joh 15,11).

Ich mag die Welt

Es gibt Momente auf dem Jakobsweg, die Pilgern unvergesslich bleiben. Einer davon erwartet sie, wenn sie an regnerischen, nebelverhangenen Tagen die Mühe des Aufstiegs auf den *Cebreiro*, den letzten Pass vor Santiago, auf sich nehmen. Wenn sie dort oben, auf 1330 Metern Höhe, erleben, wie plötzlich der Himmel aufreißt, die Sonne durch den Nebel stößt und den atemberaubenden Blick in die Weite und Schönheit der galicischen Landschaft freigibt, dann bleiben manche einige Augenblicke still und ergriffen stehen und schauen einfach nur hinaus in dieses „Gelobte Land". Es sind Momente, in denen uns unsere Erde in liebenswürdiger Harmonie entgegenkommt.

Wir brauchen solche Momente ergriffenen Staunens. Sie machen uns den Blick auf die andere, die dunkle und widersprüchliche Welt erträglicher. Ohne das Staunen über die Natur, über die Wunder dieses Planeten und auch über die Möglichkeiten des Menschen, schöpferisch die Erde mitzugestalten, könnten wir nicht zu jener Leidenschaft finden, die wir für unsere Mitverantwortung für das Antlitz der Erde brauchen.

Die Welt zu lieben fällt uns leicht angesicht herrlicher Landschaften, duftender Wiesen und Sehenswürdigkeiten, die uns vergangene Zeiten hinterlassen haben. Wenn aber Flüsse und Meere über die Ufer treten, wenn Erdbeben ganze Länder und Völker im Chaos versinken lassen und Krieg und Terrorismus für Zerstörung sorgen, begegnen wir blankem Entsetzen. Aber gerade weil wir heute mehr und mehr erkennen, dass es oft nicht nur die Natur ist, die unsere Existenz bedroht, sondern oft der Mensch selbst, der Bodenschätze egoistisch ausbeutet und deshalb das Zurückschlagen der Natur zu verantworten hat, muss unser Ja zur Welt das Ja zum Menschen voranstellen. Es muss zuerst um die Leidenschaft für den Menschen gehen, der für die Welt verantwortlich ist. Ich gehe so weit zu sagen, dass Christus nicht Mensch wurde, um die *Welt* zu retten, sondern um den *Menschen* zu retten. Er nennt sich nicht Erdensohn, sondern Menschensohn. *„Denn so sehr hat Gott die Welt geliebt, dass er seinen einzigen Sohn hingab, damit jeder, der an ihn glaubt, nicht zugrunde geht, sondern das ewige Leben hat"* (Joh 3,16).

Wir sehen eine Menge Faktoren, die unsere Welt und vor allem uns Menschen prägen. Unser leidenschaftlicher Einsatz für den Menschen muss die größeren Zusammenhänge in den Blick nehmen, in denen wir stehen.

Uns Christen bedrängt der Prozess der Säkularisierung. Das Gefühl, dass Gott, christlicher Glaube, Kirche verdrängt werden, macht uns Sorge. Dabei sind wir längst selbst von der Bedeutung naturwissenschaftlicher Erklärung der Welt überzeugt. Wir brauchen Gott nicht, um wissenschaftliche, medizinische oder technische Probleme zu lösen. Gegen Kinderlähmung hilft die Polio-Impfung sicherer als eine Wallfahrt und bei Gewittern ist es besser, einen Blitzableiter auf dem Dach zu haben, als Kerzen anzuzünden. Das ist selbstverständlich geworden.

Der Prozess der Rationalisierung wurde angestoßen durch die Aufklärung. „Wage zu wissen!" war einer der Leitgedanken dieser Epoche. Die Sicherheit des Glaubens wurde durch die Vernunft infrage gestellt. Nicht mehr was die Alten sagten, wird akzeptiert, sondern was der kritischen Prüfung des Verstandes standhält.

Ein anderes Phänomen unserer Zeit ist der Prozess der Entkirchlichung. Nicht erst die Missbrauchsskandale der letzten Jahre und nicht erst der Reformstau der römischen Kirche haben dazu geführt, dass sich viele von ihr abwenden. Sie ist Teil der allgemeinen Skepsis gegenüber Institutionen, die auch den Staat, Parteien, Gewerkschaften und Vereine betrifft.

Diese und weitere Prozesse, wie eine immer stärkere Konsumorientierung, die Auswirkungen des Relativismus und des Individualismus, machen es uns einerseits schwer, in diese Welt hineinzuwirken; andererseits gehört es zu unserem In-der-Welt-Sein als Christen, die Zeichen dieser unserer Zeit zu deuten und mit den uns zur Verfügung stehenden Mitteln darauf zu antworten. Demgegenüber stellen wir als durchaus positive Entwicklung auch fest, dass heute viele Menschen zur Solidarität mit Schwächeren, Benachteiligten bereit sind. Dazu kommt noch der sich immer stärker artikulierende Anspruch vieler Bürger auf Mitsprache, Anerkennung und Meinungsfreiheit. Das sind hohe Werte!

Angesichts solcher Entwicklungen müssten Politiker und Kirchenleute erkennen, wie weit und wie oft sie mit ihren Beschlüssen vom Volk entfernt sind.

Nehmen wir die Welt ernst, so wie sie ist. Die Kirche hat lange Zeit die Welt missverstanden als einen Ort, den es möglichst rasch zu durchwandern gilt, um schnell und sicher in den Himmel zu kommen. Wir haben zu lange übersehen, dass die Liebe, mit der Gott seine Welt liebt, den ganzen Menschen meint. *„Der Mensch ist der Weg Gottes, der Mensch ist der*

Weg des Evangeliums, der Mensch ist der Weg der Kirche" (Papst Johannes Paul II. in seiner ersten Enzyklika *Redemptor hominis* 1978).

Bei all dem gilt auch: Wir müssen uns als Christen – als Kirche – darüber im Klaren sein, dass alle unsere Arbeit, die wir tun, von der Möglichkeit einer extremen Erfolglosigkeit gekennzeichnet sein kann. Vielleicht müssen wir damit rechnen, dass uns sichtbarer, zählbarer Erfolg verwehrt bleibt. Gott lässt unsere Schwachheit zu: *„Meine Gnade genügt dir; denn sie erweist ihre Kraft in der Schwachheit*" (2 Kor 12,9).

Gerade weil wir menschliches Scheitern weder ausblenden noch verabsolutieren, sondern in Beziehung setzen zum Evangelium, können wir uns mühen, ohne zu verzweifeln. Die Menschen müssen spüren, dass Christsein seine Sinnfülle darin findet, menschlich am Menschen zu handeln, ihm zu dienen und sich nicht bedienen zu lassen. Was wäre das für eine wunderbare Kirche, in der Menschen sagen könnten: *„Hier bin ich Mensch, hier darf ich's sein!*" Der Mensch muss spüren, dass er in all seinen Entwicklungsstufen und Lebensbereichen ernst genommen wird, mit Leib, Seele und Gemüt, mit seinen Zweifeln und seiner Suche, mit seinen Wunden und seiner Hilflosigkeit, mit seiner Hoffnung und seiner Freude. Viele Beispiele zeigen weltweit, dass Kirche dort nicht abgelehnt wird, wo sie sich bedingungslos für den Menschen einsetzt.

Es gibt eine Fülle von Möglichkeiten, wie Christen heute auf ihre Umwelt, auf die verschiedenen Milieus und Lebenswirklichkeiten der Menschen Einfluss nehmen können. Wenn auch Institutionen wie Kirchenleitungen, Pfarreien, Caritas und Diakonie in ihrer Arbeitsweise selten spontan reagieren können, sondern oft nüchtern und behutsam handeln müssen, so können doch die einzelnen Christen wie auch kleine geistliche Gemeinschaften unvermittelt auftretenden Herausforderungen wirksam begegnen. Das hat sich gerade nach der Wende im Osten in vielen Einzelaktionen gezeigt. Ohne die vielen unbürokratisch geleisteten Hilfsmaßnahmen von engagierten Christen – aber auch von Nichtchristen! – wären viele zusätzliche Nöte entstanden. So haben wir zusammen mit Freunden mithelfen können, nach der Wende 1989 zwischen Ost- und Westdeutschland und sogar zu einigen osteuropäischen Ländern Brücken zu bauen und Wege zu gehen mit den Menschen, die den Eisernen Vorhang niedergerissen hatten. Ich betrachte es als ein großes Geschenk, dass wir Zeugen und Werkzeuge dieses Brückenschlags sein konnten. Nachdem unsere Väter unter dem Staatsterror des Nationalsozialismus als Soldaten in Polen, Tschechien, auf dem Balkan und in Russland in einen sinnlosen Krieg ziehen mussten, konnten ihre Söhne und Töchter in diesen Ländern mitbauen an einem friedlichen Europa.

Viele leisten ihren Beitrag zur Gestaltung der Welt ganz im Verborgenen: Mütter und Väter, die aus ihrer christlichen Verantwortung heraus junge Menschen vorbereiten für die tätige Mitverantwortung in Kirche und Gesellschaft; Familien und Einzelne, die etwas tun für die Mitgestaltung der Welt im Kleinen wie im Großen. Menschen zum Tun des Guten zu ermutigen, ist Auftrag Christi: „*Dann geh und handle genauso*“, zieht Jesus sein Fazit aus der Erzählung vom barmherzigen Samariter (Lk 10,37b). Und: „*Gebt ihr ihnen zu essen!*“, befiehlt er seinen erschrockenen Jüngern angesichts der großen Menschenmenge und der geringen Vorräte, die sie bei sich haben. *„Wie viele Brote habt ihr?"*, fragt er vor dem Wunder der Brotvermehrung. *„Geht und seht nach!"* (vgl. Mk 6,37–38) Nachdem er das Wenige, das aus menschlicher Sicht verfügbar war, gesegnet und ausgeteilt hatte, reichte es aus, um alle satt zu machen. Genau das macht den Unterschied unseres christlichen Engagements in der Welt aus: Wir brauchen keine Sorge zu haben um die „kleinen Brötchen", die wir backen und die wir austeilen können. Anders als die, die keine Hoffnung haben, die keine andere Lösung wissen als den Egoismus und die Verzweiflung, können wir das Wenige, das wir in dieser Welt und zur Veränderung des Menschen beitragen können, von Christus segnen lassen. Wenn nötig, müssen auch wir selbst uns „brechen" lassen, damit das Wunder möglich wird. Unser Stolz, unser Ego, unser Nützlichkeitsdenken, unser Erfolgshunger müssen zerbrochen werden, damit ungetrübt und unverstellt der innerste Grund unseres Handelns zum Vorschein kommen kann: die Liebe und Leidenschaft für den Menschen, für das Leben der Welt.

Das Leben ordnen

Noch einmal *Cebreiro*. Der Berg ist das Tor nach Galicien hinein. In weniger als einer Woche wird der Pilger auf dem Jakobsweg von hier aus die noch ausstehenden 150 Kilometer bis Santiago de Compostela schaffen. Die massive, schlichte Kirche in diesem Bergdorf mit keltischen Wurzeln birgt ein eucharistisches Heiligtum. Die Wallfahrt dorthin ist seit dem Jahr 1300 sicher verbürgt. Einige Päpste und viele Könige sind wie unzählige Gläubige und Nichtgläubige der mythischen Sage gefolgt, die Folgendes erzählt: Einst las ein Mönch dort die Messe. Draußen tobte ein Unwetter. Mühsam erreichte ein Bauer aus dem Tal dennoch den Berg und die Kirche, um der heiligen Handlung beizuwohnen. Der Priester fragte den Bauern, wozu er ein solches Wagnis wegen so wenig Brot und Wein auf sich nehme. Daraufhin geschah das Zeichen: Die Hostie wurde Fleisch, der Kelch war gefüllt mit Blut. Priester und Bauer versanken in Reue und Anbetung. Bis heute verehren die Menschen andächtig Kelch und Hostie im Seitenaltar. Kerzen werden entzündet, viele wohl auch mit der Bitte: *Ich glaube, Herr, hilf meinem Unglauben!* Und selbst das Staatswappen von Galicien zeigt den Kelch vom Cebreiro!

Eine Pilgerschaft, gleich ob zu einem Wallfahrtsort wie diesem oder nach Santiago, Rom oder Jerusalem, hinterlässt ihre Spuren. Das gilt übrigens auch für andere Formen geistlicher Übung. Wer an Exerzitien, Cursillos oder anderen Glaubensseminaren teilgenommen hat, spürt die innere Konsequenz, die gewonnene Erfahrung in den Alltag, in den weiteren Glaubensweg zu integrieren. Das unaussprechliche Geheimnis, das sich im Innersten ereignet hat, die Wandlung des Wesens, die Heiligung der Personmitte – oder wie immer man das umschreiben mag –, verlangt nach äußeren Formen, die der inneren Weiterentwicklung des Erfahrenen dienen.

Von vielen Pilgern, die ich auf dem Weg nach Santiago begleitet habe, weiß ich, dass sie den Rhythmus von morgendlicher Meditation, Gebet vor dem Aufbruch in den Tag und der Tagesauswertung am Abend noch lange beibehalten haben; manche sind bis heute dabei geblieben. Andere tragen ein Gebet im Geldbeutel oder im Führerschein mit sich. Anderes, das wir unterwegs einfach auswendig gelernt haben, wie die schlichten Gesänge von Taizé, gehört zum bleibenden Gebetsschatz vieler. Manche haben den Rosenkranz schätzen gelernt, was vor allem bei Männern verwundert, die vorher nie mit solch traditionellen Gebetsformen in Berührung gekommen waren. Von Priestern weiß ich, dass sie Mitpilgernden Zugänge zum Psalmengebet erschließen konnten. Nicht wenige haben auf ihrer Pilgerschaft das Sakrament der Versöhnung neu entdeckt – oft nach vielen Jahren religiöser Abstinenz. Einige haben zu Hause umgesetzt, was sie der Weg „gelehrt“ hat: eine „geistliche Lebensordnung“ einzuhalten, weil die Frucht der Pilgerschaft zu kostbar ist, um sie im Alltagstrott wieder zu verlieren.

Wir lernen von anderen immer Neues hinzu. Pilger berichten, sie hätten durch ihre Erfahrung auf dem Weg gelernt, keine Zeit mehr zu vertun. Die Zeit als die Perle in der Jakobsmuschel: welch kostbare Entdeckung!

Einmal hat mir eine Pilgerin anvertraut, die wichtigste Erkenntnis ihres Weges sei für sie, künftig besser zu unterscheiden zwischen Wichtigem und Nebensächlichem.

Jeder Lebensweg braucht seine Ordnung. Manchmal müssen wir uns öfter während einer Woche, manchmal öfter am Tag der Pläne und Absichten unserer Liebe, der Ausrichtung unseres Herzens gewiss werden, um nicht ziel- und orientierungslos einen Tag nutzlos verstreichen zu lassen. Mehrmals wird uns in den Evangelien davon berichtet, dass Jesus allein auf den Berg oder in die Einsamkeit, in die Stille ging. Vor wichtigen Ereignissen (zum Beispiel vor der Auswahl der Apostel und vor Heilungswundern) war Jesus immer erst im Gebet. Wenn wir unser Christsein auf guten Grund stellen wollen, sollten wir bei Jesus in die Schule gehen. Er verhilft unserem Zeugnis zur „Nachhaltigkeit", wenn wir ihn beim Wort nehmen: *„Bleibt in meiner Liebe"* (Joh 15,9). Er sorgt dafür, dass unser Feuer nicht ausgeht!

Taborstunden

Augenblicke überwältigenden Glücks kann man als Taborerlebnisse deuten. Viele Pilger, die am Ende ihrer langen Wanderschaft auf dem Jakobsweg ihr Ziel erreichen, erleben die Ankunft auf dem Platz vor der prächtigen Kathedrale von Santiago wie ein „Taborlicht", wie ein Hineingenommensein in die mystische Gegenwart Gottes. Manche umarmen sich weinend vor Freude, andere tanzen vor Glück. Wieder andere sitzen einfach nur still da und lassen in dieses Ankommen alles einfließen und ruhig werden, was sie während des langen Weges im Herzen bewegt hat. Manchen erschließt sich der Höhepunkt ihrer Pilgerschaft erst beim „spirituellen Rundgang" am Abend, wenn sie in der Bildersprache der Basilika die Taborbotschaft *„Du bist mein geliebter Sohn – du bist meine geliebte Tochter"* auf bildhaft-sinnenreiche Weise vermittelt bekommen. Für viele ist es einfach nur das Eintauchen in die übervolle Pilgermesse um zwölf, das Fühlen und Spüren der weltweiten Verbundenheit, das unter die Haut geht.

Auch Menschen, die anderswo nach Tagen der inneren Einkehr, der Besinnung auf das Wesentliche ihres Christseins, mit anderen zusammen Eucharistie feiern, erleben solche Stunden als Höhepunkt und wie ein Verschmelzen in mystischer Vereinigung. Viele haben mir das bezeugt und auch ich selbst habe es oft so erlebt.

Auch das Verständnis für die Messfeier wandelt sich auf dem Weg. Die einen erleben darin auf einmal den persönlichen Anruf Gottes gerade inmitten der feiernden Gemeinschaft, und sie fühlen sich darin dennoch als Individuum bewahrt, ohne in der Masse unterzugehen. Andere tun sich schwer damit. Ihnen ist es in der Menge der vielen Menschen zu eng, sie fürchten um ihr Eigenes. Sie brauchen noch etwas Zeit für sich und die Weitung auf Gemeinschaft hin.

Das Hauptproblem dürfte jedoch für viele sein – gerade für sogenannte „Fernstehende“, wie man sie häufig auf Jakobswegen trifft –, dass sie nicht mehr so genau um die Mitte der Feier wissen, die wir Eucharistiefeier oder etwas volkstümlicher Heilige Messe nennen. Wie schon früher angesprochen, feiert die Gemeinde, die sich dazu trifft, nicht sich selbst. Die christliche Gemeinde feiert als Familie Gottes mit Jesus um den Tisch der Liebe. Sie feiert das Fest seines Lebens. Sie feiert seinen Sieg über den Tod. Sie trifft sich als Jüngergemeinschaft, weil ihr die Feier des Geheimnisses von Tod und Auferstehung Jesu auch Zeichen der Einheit, Stärkung und Beauftragung zum Zeugnis bedeutet. Sie feiert mit dem Herrn in ihrer Mitte, um in der gegenseitigen Liebe zu wachsen und sie auszuteilen an alle, die ihre Zuwendung brauchen. Sie feiert Eucharistie, weil sie dankbar und froh im Gedächtnis behalten will, dass alle Geliebte Gottes sind, hineingenommen in den Liebesstrom zwischen Vater, Sohn und Heiligem Geist.

Die Pilger auf dem Jakobsweg, die das Glück hatten, unterwegs mit einem Priester, der ihren Pilgeralltag teilt, der ihre Mühen, ihre Nöte und Freuden kennt, Eucharistie feiern zu können, verspüren den Hunger elementar, auch in ihrer Gemeinde zu Hause ähnliche Erfahrungen zu machen – gerade mit ihrem Pfarrer. Müsste er nicht „einer von uns“ sein? Müsste er nicht viel näher bei den Menschen sein? Der Dienst eines Kultdieners wirkt früher oder später fern jeder Lebenswirklichkeit, wenn er nicht die Nähe zu den Menschen sucht, die heilende, einheitsstiftende Kräfte zu entfalten vermag.

Es ist gut, dass es auch in der Feier unserer Gottesdienste eine große Vielfalt gibt. Mit unseren Pilgergruppen tauchen wir, wenn wir in Santiago ankommen, in die meist überfüllte, herrlich spanische Pilgermesse in der Kathedrale von Santiago ein, nicht ohne uns vorher ein wenig darauf eingestimmt zu haben. Aber wir sind auch dankbar, wenn wir in der Morgenfrühe, wenn es in der großen Kirche noch ganz still ist, mit einem Priester und einer kleinen Schar von nur wenigen Pilgern am Jakobusgrab in der Krypta unter dem Hauptaltar Messe feiern können. Hier spüren wir anders als in der großen Gemeinschaft, wie wertvoll es ist, im kleinen Kreis Eucharistie zu feiern, und es ist nur normal, dass sich viele wünschen, solche Augenblicke auch in der eigenen Gemeinde zu Hause erleben zu können.

Müssen wir uns damit zufriedengeben, dass der Priestermangel uns immer öfter zwingt, sogar am „Tag des Herrn" auf die gemeinsame Eucharistiefeier zu verzichten? Müssten wir als Volk Gottes nicht danach verlangen dürfen, dass die Feier der Eucharistie im kleinen Kreis – mit Freunden, Familien, mit Kranken oder Nachbarn – dem Urbild der Abendmahlsfeier Jesu näherkommt und in den Einzelnen einen tieferen Nachhall erzeugt als große Gottesdienste, selbst wenn ein Bischof oder der Papst sie zelebrieren?

Wenn wir ergreifende Gottesdienste erlebt haben, sei es in einer geistlichen Gemeinschaft im kleinen Kreis, sei es unterwegs im Freien oder in einer kleinen romanischen Kirche, sei es bei einer Pilgermesse in der Jakobuskirche von Compostela mit dem großen Rauchfass – immer tun wir gut daran, sie als „Taborerlebnisse“ im Herzen zu bewahren. Wir können gar nicht dankbar genug dafür sein. Aber wir müssen uns dann auch der Frage stellen: Was haben wir mit diesem Erlebnis gemacht und welche Folgerungen ergeben sich daraus?

Jesus nahm seine drei engsten Freunde mit auf den Berg. Dort wurden sie Zeugen seiner Verklärung. Sprachlos und in Angst ob dieser Nähe Gottes vernahmen sie das Wort: *„Das ist mein geliebter Sohn; auf ihn sollt ihr hören!“* (Mk 9,2–10). Nachdem die Jünger die Stimme vom Himmel vernommen hatten, schwiegen sie. Erst nach der Auferstehung Jesu sollten sie darüber reden. Petrus tat es klar und offen: *„Diese Stimme haben wir gehört, als wir mit ihm auf dem Berg waren“* (vgl. 2 Petr 1,18f).

Braucht es also nach unserer Tabor-Erfahrung eine Zeit des Schweigens, bevor wir darüber reden? Ich glaube schon. Vielen Pilgern, die ihre Erlebnisse auf langer Wanderschaft aller Welt redselig mitteilen wollen, rate ich, noch ein wenig damit zu warten und manches in Stille einige Zeit reifen zu lassen. Jesus befiehlt seinen Taborfreunden, zu schweigen über das, was sie geschaut haben. Sie steigen erst noch hinab in das Tal des harten Alltags, der Passion, des Verrats, des Scheiterns ihrer Hoffnungen. Wir sind auf dem Weg Jesu, wenn wir ernst nehmen, dass dem Licht die Dunkelheit folgt. Erfahrene Christen wissen, dass sich nach dem Erlebnis höchsten Glücks oft Gegenkräfte zeigen, die himmelhoch jauchzenden Gefühlen die kalte Dusche einer Depression oder Trauerstimmung verpassen können. Es kann ein falsches Wort sein, das mir jemand unvermutet entgegenschleudert, eine Kränkung vielleicht, eine schlimme Nachricht vom Arzt, ein Unfall –

oder einfach ein Missverständnis, mit dem ich nicht gerechnet hatte.

„Wem das Herz voll ist, dem läuft der Mund über", sagt man. In der östlichen Weisheit heißt es: *„Wer von seiner Erleuchtung spricht, hat sie nicht erlebt, und wer sie erlebt hat, spricht nicht darüber."* Beglückende Geheimnisse verlangen nach Diskretion. Bricht man das Schweigen zu früh – oder spricht man mit „Unverständigen" darüber, ist ihr Glanz dahin, ihr Licht verblasst.

Wir brauchen Tabor-Erlebnisse. Aber lesen wir diesbezüglich das Evangelium genau! Zunächst steht der Aufstieg an, die Verabschiedung von unnötigem Ballast in meinem Leben, eventuell auch vom Ballast ungelöster, jetzt nicht beantwortbarer Fragen, nicht überschaubarer Lebensentwicklungen, unerledigter Aufgaben. Was zählt, ist allein der gemeinsame Aufstieg mit Jesus und mit Freunden, die gleichen Sinnes sind. Was auf dem Berg mit uns geschieht, entzieht sich aller unserer Planung und Ordnung. Die „Wolke des Nichtwissens" hüllt uns ein. Es kann uns angst und bange werden. Hauptsache, einer bleibt, wenn wir uns verwundert die Augen reiben – Jesus allein und sein Wort: *„Steht auf, habt keine Angst!"* (Mt 17,7).

Mit einem „Tabor-Erlebnis" im Herzen verändert sich unser Alltag nicht, aber wir sehen ihn nun öfter mit anderen Augen. Das ist es, was unser Leben verwandelt! Es ist wie die staunende Entdeckung des Kindes, das bei verhangenem Himmel vom Flugzeug aus zum ersten Mal erlebt, dass über den grauen Wolken die strahlende Sonne am blauen Himmel steht. Wir wissen, dass uns im Licht, das wir geschaut oder gespürt, im Ruf, den wir vernommen haben, keine bloße Idee, kein unpersönliches „Es“, sondern eine Person begegnet ist. Wir Christen haben dafür ein schlichtes Wort: *„Es ist der Herr!“* (vgl. Joh 21,7).

Wo zwei oder drei …

Wenn mich jemand fragen würde, auf welche Aussagen sich die Grundstruktur der Lebensgemeinschaft mit Jesus Christus, die wir „Kirche“ nennen, gründet, würde ich vielleicht auf das Matthäusevangelium und auf den Epheserbrief verweisen, zum Beispiel auf Sätze wie diese:

- *„Wer so klein sein kann wie ein Kind, der ist im Himmelreich der Größte. Und wer ein solches Kind um meinetwillen aufnimmt, der nimmt mich auf“* (Mt 18,4–5);
- Wie keiner von euch will, dass er eines von hundert Schafen verliert, *„so will auch euer himmlischer Vater nicht, dass einer von diesen Kleinen verlorengeht“* (vgl. Mt 18,12–14);
- *„Alles, was zwei von euch gemeinsam erbitten, werden sie von meinem himmlischen Vater erhalten. Denn wo zwei oder drei in meinem Namen versammelt sind, da bin ich mitten unter ihnen“* (Mt 18.19–20);
- *„Wie oft soll ich meinem Bruder vergeben, wenn er sich gegen mich versündigt? Siebenmal? Jesus sagte: nicht siebenmal, sondern siebenundsiebzigmal“* (vgl. Mt 18,21–35). Das bedeutet: immer.
- Und schließlich: *„Wir wollen uns, von der Liebe geleitet, an die Wahrheit halten und in allem wachsen, bis wir ihn erreicht haben. Er, Christus, ist das Haupt. Durch ihn wird der ganze Leib zusammengefügt und gefestigt in jedem einzelnen Gelenk. Jedes trägt mit der Kraft, die ihm zugemessen ist. So wächst der Leib und wird in Liebe aufgebaut“* (Eph 4,15–16).

Der Anfang der Kirche war bescheiden, am Kleinen, Schwachen orientiert – wie es, zumal zu Jesu Zeiten, die Kinder waren; eine Gruppe ohne Rangunterschiede und Titel, ohne Privilegien und Ehrenplätze. Es sollte eine Gemeinschaft sein, die darauf achtet, dass keiner verloren geht, und wenn sich einer verirren sollte, ginge die Gemeinschaft ihm so lange nach, bis sie ihn wiederfände und zurückholen könnte. Eine ideale Vorstellung, hinter der schon die erste „Kirche der Zwölf", die Jüngergemeinde, zurückblieb. Aber das Ziel bleibt bestehen.

Zum Wesen der Kirche sollte gehören, dass das Maß des inneren Zusammenhalts die bedingungslose Bereitschaft zur Vergebung, anders ausgedrückt: das heilende Band der Liebe, sein sollte, das niemanden ausschließt. Und es sollte eine betende und bittende Gemeinschaft sein, die aus der Gewissheit lebt: Sobald wir in Jesu Namen beisammen sind, ist er persönlich mitten unter uns. Es kommt weniger auf uns oder auf das Treffen an sich an, sondern darauf, dass das Wichtigste unserer Zusammenkunft ist, mit Jesus Christus in unserer Mitte zusammen sein zu *wollen*.

Das ist, wenn man es recht bedenkt, eine unerhörte Realität, und sie hat Konsequenzen für das ganze christliche Leben. Wenn auch schon klar war, dass der Mensch auf Gemeinschaft hin angelegt ist und ohne Gemeinschaft kein Fortbestehen menschlichen Lebens möglich ist, so hat es doch der Menschwerdung Gottes in Jesus Christus bedurft, um zu zeigen, wie sehr sich menschliche Gemeinschaft auf jene Gemeinschaft gründet, die Gott selbst vorgibt. Denn Gott ist Gemeinschaft, ist im Vater, Sohn und Geist „dreieinig". In „Gottes Namen" eine Gruppe zu bilden, als Paar, als Familie, als Freundeskreis, macht das Wesen Gottes sichtbar, erfahrbar: „Ich bin für euch da."

Christliche Gruppierungen, ob sie nun eine Kirche im größeren, konfessionellen Sinne bilden, ob sie als „charismatische Gruppen" von einer bestimmten Mentalität oder Spiritualität geprägt zusammenkommen, um Gott zu loben und zu feiern, um Gemeinschaft zu leben, um vielleicht Projekte für Frieden und Gerechtigkeit in der Welt zu fördern oder um karitativen Zielen zu dienen, immer werden sie sich orientieren an der Zusage von Jesu persönlicher Gegenwart in ihrer Mitte. Nur aus dieser Mitte lassen sich christliche Ziele und kirchliche Verhältnisse – im Großen wie im Kleinen – glaubwürdig gestalten. Und wenn es nur zwei oder drei Freunde sind, die sich immer wieder treffen, um – vielleicht auf der Grundlage einer gemeinsamen Erfahrung christlichen Lebens – diese freundschaftliche Beziehung, deren Mitte Jesus Christus ist, zu pflegen, so ist das eine Kraftquelle der Kirche insgesamt.

Zahlreiche geistliche Gemeinschaften sind mit ihren christlichen Freundschaftsgruppen auf gutem Weg, mit ihrer geistlichen Kompetenz Wesen und Gestalt unserer alten Kirche zu verändern. Sie sind die Chance der Kirche von morgen: die kleinen, lebendigen Zellen und ihre Vernetzung untereinander. Ihr Miteinander gelingt, wenn sie sich inspiriert wissen von der dreifaltigen Lebensdynamik Gottes. Dann werden sie eine „Praxis der Dreieinigkeit" ausstrahlen, die schon Paulus als missionarische Lebensweise bezeugt hat und aus der heraus seine Arbeit reiche Frucht brachte: die Gnade Jesu Christi, die Liebe des Vaters und die Gemeinschaft des Heiligen Geistes.

Ich erhoffe mir, dass der Wunsch vieler Jakobspilger noch mehr Gestalt annimmt, ihre auf dem Weg gewonnenen Erfahrungen zu Hause mit anderen zusammen zu reflektieren. Wie könnte die eine oder andere Erfahrung fruchtbar werden für die Kirchengemeinde? Es scheint mir etwas zu wenig zu sein, nach bewältigter Pilgerschaft nur Stammtisch-Geselligkeit zu pflegen, wo man sich auf der Ebene des körperlich Geleisteten oder zur Sammlung touristischer Bewertungen austauscht. Die meisten Pilger haben Tieferes, Wichtigeres erfahren.

Was hat der Weg mit mir gemacht? Wie konnte ich mit Krisen umgehen – bei mir selbst und bei anderen? Wie hat sich unter uns Gastfreundschaft ausgewirkt – oder auch deren Verweigerung? Haben wir innere Wandlungs- und Läuterungsprozesse zugelassen – konnten wir mit jemandem darüber reden? Was haben enttäuschte Erwartungen in mir bewirkt? Was hat die Aufarbeitung meiner Sorgen, Ängste oder Verletzungen am meisten behindert oder gefördert? Welchen Erfahrungsschatz möchte ich meiner Kirche und meiner Umwelt weiterschenken?

Solche und ähnliche Fragen haben auch die zwei Jünger auf dem Weg nach Emmaus beschäftigt, bis der unbekannte Dritte sich ihnen anschloss und allmählich Ordnung in ihr Gedankenchaos brachte. Als ihnen schließlich beim Teilen von Brot und Wein die Augen aufgingen, merkten sie erst, dass ihr Herz schon lange zuvor angefangen hatte zu brennen. Sie mussten aufbrechen und zu ihren Freunden zurückkehren, um Zeugnis zu geben vom Auferstandenen. Wer die Begegnung mit Christus erfahren hat, ist nicht mehr im Sitzenbleiben zu Hause, sondern im Aufbruch.

Heimkehren

Die inneren Widerstände, nach einer beseligenden, erfüllenden Erfahrung wieder zurückzukehren ins Gewöhnliche des Alltags, sind uns allen bekannt. Schon öfter haben uns auch Jakobspilger von diesen widerstrebenden Gefühlen erzählt, wenn sie nur noch acht Kilometer von Santiago entfernt den *Monte del Gozo,* den „Berg der Freude", erreicht hatten und von Weitem schon die Türme der Kathedrale erkennen konnten. Sie nannten es „die Furcht vor dem Ankommen". Es war jedoch weniger das Erreichen des Zieles Santiago de Compostela, das sie am Weitergehen hinderte, sondern das Bewusstsein, dass nun der Zeitpunkt der Heimkehr nach Hause immer näher rückte. Wenn sie das Ziel erreicht hatten und die Stadt sie aufnahm, kam der wunderbare Rhythmus zum Stillstand, der über Wochen oder sogar Monate den Ablauf ihrer Tage bestimmt hatte: der Aufbruch am Morgen, die Einsamkeit oder auch die Gemeinschaft, die Begegnungen und Freundschaften unterwegs, das abendliche Ankommen in der Herberge. All das wird nun zu Ende gehen. Die kommenden Tage werden voller Abschiede sein.

Ähnliche Gefühle kenne ich auch nach längeren Exerzitien, und auch in unseren Kursen sind wir diesen Ängsten vor dem Heimkehren oft begegnet. Sie müssen ernst genommen und ausgesprochen werden. Erst dann beginnt sich die Kraft, die in der Angst sitzt, die tatsächlich lähmen und die Freude an der Heimkehr nehmen kann, in Gelassenheit und neuen Mut zu wandeln.

Die Pilger des Mittelalters hatten es gut, was dieses Unbehagen vor der Heimkehr betraf. Für sie bedeutete der Heimweg eine nicht minder große und abenteuerliche Aufgabe wie der Hinweg. Sie trugen nun mit dem Glück, das Grab des Apostels Jakobus oder gar das *Finisterre*, das mittelalterliche Ende der Welt, erreicht zu haben, auch den Beweis mit nach Hause: die Jakobsmuschel. Meist war es die Muschelschale, die ihnen der Wirt großzügig überließ, wenn sie beim Verzehren der Muschel ein gutes Trinkgeld gaben. Das Pilgerzeichen verlieh seinem Träger zu Hause Ansehen und Respekt. Von nun an galt er als einer, der etwas Unerhörtes geleistet und sich selbst und viele Widrigkeiten bezwungen hatte.

Von dem dreitägigen kleinen Glaubenskurs, dem *Cursillo*, den ich zum ersten Mal als junger Mann im September 1965 erlebt habe, brachte ich ein bronzenes kleines Kreuzchen mit, das jedem Teilnehmer in einer ergreifenden Abschlussfeier überreicht worden war. Es liegt seither und auch jetzt, während ich dies schreibe, vor mir auf dem Schreibtisch. Wenn ich verreise, trage ich es in der Hosentasche, was meine Frau nicht so gerne hat, weil die Ecken und Kanten früher oder später die Hosentasche durchlöchern. Darum steckt es dann in einem Etui aus weichem Leder. Mein Kreuz ist kein Talisman. Es ist die „Perle" in der Muschel meines Lebens, mehr als nur ein Andenken und viel mehr als ein Mitbringsel. Es erinnert mich an das „Eisen im Feuer". Eine uns erfüllende, weiter in unsere Lebenswirklichkeit hinein strahlende Erfahrung – ob sie nun bei einer Pilgerfahrt, bei einem begeisternden Wochenende mit Gleichgesinnten oder auch nach einem gut zu Ende gebrachten Werk geschenkt wurde – kann uns immer daran erinnern, dass wir Christen „Siegertypen" sind, denn *„alles vermag ich in Christus, der mich stark macht"* (vgl. Phil 4,13). Paulus schrieb dieses Wort aus dem Gefängnis! Damit wird klar, dass es uns als Christen nie um naiven Triumphalismus gehen kann, sondern um jene Zuversicht, zu der uns Jesus Christus ausdrücklich ermutigt: *„Ich bin gekommen, damit ihr das Leben habt und es in Fülle habt"* (vgl. Joh 10,10).

Immer wenn wir heimkehren aus einer tiefen Erfahrung, die uns erfüllt und beschenkt hat, beginnt etwas Neues, vor allem dann, wenn wir ihre innere Kraft in der Wirklichkeit unseres Alltags ankommen lassen. Jede religiöse Erfahrung enthält einen Auftrag, einen Ruf, den Anstoß zu einer Umkehr, und wäre sie auch noch so bescheiden. Ein Fußpilger drückte es, als er nach der Frucht seiner Pilgerschaft gefragt wurde, so aus: *„Für mich ist es der Weg der Liebe. Das Kostbarste, was ich gewinnen kann. Und das Einzige, für das sich alle Mühe lohnt"* (Carmen Rohrbach, Muscheln am Weg. Mit dem Esel auf dem Jakobsweg durch Frankreich, München 2002, 204).

Wir können nicht schweigen

Als Bestätigung und Weiterführung des vorher Dargelegten will ich zum Abschluss dieses Buches etwas sagen über das gemeinsame Zeugnis von Christen – Laien wie Priestern; denn alles, was hier ausgeführt wurde, alle Wahrheit und Leuchtkraft unseres Glaubens darf ja nicht in Büchern, Papieren oder Dokumenten steckenbleiben oder irgendwann ausbleichen und verstauben. Es braucht „Tonträger", und das sind wir Christen. *„Wir können unmöglich schweigen über das, was wir gesehen und gehört haben"*, rufen Petrus und Johannes vor dem Hohen Rat ihren Gegnern zu (Apg 4,20).

Wenn wir die Apostelbriefe lesen, finden wir einen Reichtum an Möglichkeiten, Zeugnis zu geben. Im ersten Korintherbrief heißt es: *„Es gibt verschiedene Gnadengaben, aber nur einen Geist. Es gibt verschiedene Dienste, aber nur den einen Herrn. Es gibt verschiedene Kräfte, die wirken, aber nur den einen Gott: Er bewirkt alles in allem. Dem einen wird vom Geist die Gabe geschenkt, Weisheit mitzuteilen, dem anderen durch den gleichen Geist die Gabe, Erkenntnis zu vermitteln, dem dritten im gleichen Geist Glaubenskraft, einem andern – immer in dem einen Geist – die Gabe, Krankheiten zu heilen, einem anderen Wunderkräfte, einem anderen prophetisches Reden, einem anderen die Fähigkeit, die Geister zu unterscheiden, wieder einem anderen verschiedene Arten von Zungenrede, einem anderen schließlich die Gabe, sie zu deuten. Das alles bewirkt ein und derselbe Geist, einem jeden teilt er seine besondere Gabe zu, wie er will"* (1 Kor 12,4–11).

Ist es nicht beschämend für uns, dass wir diese Vielfalt an Gaben oft nicht bei uns, sondern in verschiedenen Sekten oder freikirchlichen Gemeinschaften finden? Warum nicht viel mehr noch in der katholischen und evangelischen Kirche? Die Kirchengeschichte zeigt auf, wie die Lebendigkeit der Gemeinden im Zuge des Anwachsens der Zahl der Gläubigen zurückging. Als das Christentum ab dem vierten Jahrhundert Staatsreligion wurde, verstärkte sich dieser Trend. In dieser Zeit wurde es wichtig, einen entschiedenen Kern der Gemeinde zu bilden, der die Identität der Kirche als Volk Gottes sicherte. Das Kollegium der Presbyter (Priester) entwickelte sich und bildete gewissermaßen die Kirche für das Volk. Sie beteten, feierten Gottesdienst, predigten, versammelten die Gemeinde um sich. Sie waren die Kirche. Das führte mit der Zeit zu der Ansicht, die Kirche sei durch das Amt vertreten. Auch die Forderung des Zölibats als Zeichen der radikalen Christusnachfolge und des ausschließlichen Dienstes am Reich Gottes lässt sich darauf zurückführen. Die Christengemeinden samt ihrer Priesterschaft hatten in einer Zeit, als es zum guten Ton gehörte, Christ zu sein, ihr „Auf-dem-Weg-Sein" eingetauscht gegen bequeme Sesshaftigkeit und die Pflege des Erreichbaren.

Wie sieht es in unseren Kirchengemeinden aus? Noch immer hängt allzu vieles am Priester. Da und dort gibt es lebendige Gruppen, aufgeweckt von einem charismatisch begabten Pfarrer. Bestehen sie weiter, wenn er eines Tages versetzt wird, oder schläft dann vieles wieder ein? Oder werden hoffnungsvolle Aufbrüche sogar wieder zurückgedrängt? Wie offen ist die Gemeinde Laien gegenüber, die sich als „Säulen" profiliert und bewährt haben? Will die Gemeinde den Aufbruch?

Eine gefährliche Überforderung kommt auf die Priester zu: Immer mehr Gemeinden mit immer mehr Terminen verursachen eine immer weiter um sich greifende spirituelle Verödung, führen zu seelischen und körperlichen Krankheiten und fördern Fluchttendenzen unterschiedlichster Art. Einfach weitermachen? Der Ruf nach mehr Priestern geht noch immer ins Leere. Lösungsvorschläge sind da, und selbst unter Bischöfen wie unter einer wachsenden Zahl von Priestern gibt es eine zunehmende Offenheit für Reformen, für ein grundlegendes Umdenken. Allen gemeinsam ist die Überzeugung, dass es so, wie es jetzt ist, nicht weitergehen kann.

Was nottut, ist eine Umkehr auf allen Ebenen: die Umkehr der Priester zum Volk Gottes, zu dem sie selbst gehören: „*Mit euch bin ich Christ – für euch bin ich Bischof*“ (Augustinus). Ebenso bedarf es der Besinnung der Laienchristen auf die ihnen geschenkten Charismen, der Entdeckung und Annahme des allgemeinen Priestertums aller Gläubigen. Und es bedarf einer Umkehr der Bischöfe zu einem gemeinsamen kräftigen Auftreten, zu kollegialer Führungsstärke. Erst wenn der Dialog innerhalb der Bischofskonferenzen auf nationaler, europäischer wie interkontinentaler Ebene sich zu einer einzigen Stimme formt, wird man nicht nur auf mehr Bewegung im römischen „Fühlen mit der Kirche“ hoffen können, das zu einem „Führen in die Zukunft“ wird.

Theologen wie Laien wünschen sich, dass man in der Zentrale der Weltkirche prophetische Worte wie die des ersten Petrusbriefes mutiger und zielstrebiger umsetzt, denn sie sind dem ganzen Gottesvolk zugesagt:

„Ihr aber seid ein auserwähltes Geschlecht, eine königliche Priesterschaft, ein heiliger Stamm, ein Volk, das sein besonderes

Eigentum wurde, damit ihr die großen Taten dessen verkündet, der euch aus der Finsternis in sein wunderbares Licht gerufen hat. Einst wart ihr nicht sein Volk, jetzt aber seid ihr Gottes Volk; einst gab es für euch kein Erbarmen, jetzt aber habt ihr Erbarmen gefunden" (1 Petr 2,9–10).

Priester sein heißt in allen Religionen, die Verbindung herzustellen zwischen Gott und den Menschen durch Lehre und Verkündigung und durch die Feier der Geheimnisse. Nach dem Hebräerbrief gibt es im Neuen Bund nur noch einen einzigen Priester, Jesus Christus, der durch die Hingabe seines Lebens für uns alle zum ewigen „Pontifex", zum Brückenbauer zwischen Gott und Mensch wurde: *„So sollt ihr lieben, wie ich euch geliebt habe. Niemand hat eine größere Liebe, als wer sein Leben gibt für seine Freunde"* (Joh 15,12).

Daraus folgt der Sinn des allgemeinen Priestertums für uns alle: aus der Verbindung mit Christus, die uns in der Taufe geschenkt ist, unser Leben einzusetzen für die Schwestern und Brüder und so eine Brücke zu schlagen zwischen Menschen und Gott. Denn dort, wo die Güte und die Liebe wohnen, dort wohnt Gott mitten unter uns. Bei diesem Zeugnis der Liebe handelt es sich um keine Pflichtübung, es geht hier auch nicht um Leistung im eigenen Namen. Nein, dieses Zeugnis der Liebe ist die Konsequenz unserer Begegnung mit Christus, mit seiner Liebe. Sie hat uns auf den Weg geführt, sie entzündet unsere Herzen, sodass wir gar nicht anders können, als dieses Feuer weiterzugeben: *„Wir können unmöglich schweigen über das, was wir gesehen und gehört haben!"* (Apg 4,20)

Ein Wort zum Schluss

Eine der tiefsten Erfahrungen, die ein Mensch auf der Suche nach Gott machen kann, ist die Erkenntnis, dass er *„in allen Dingen Gott suchen und finden“* kann, wie es Ignatius von Loyola (1491–1556) in seinen Geistlichen Übungen zur Unterscheidung der Geister (Exerzitien) feststellt. Es ist eine Sicht des Lebens und der Welt – auch der Kirche –, die uns befreit von einer kurzsichtigen Beurteilung der Unvollkommenheiten und Erfolge, der Fehlschläge und Siege, der kleinen und großen Dinge oder Ereignisse dieser Welt. Wer sich im Herzen als Pilger weiß – als einer, der auf dem Weg ist, der sieht vieles in einem anderen Licht. Er weiß, dass im täglichen Aufbruch seine Stärke liegt. Er weiß auch, dass alles noch „im Werden“ ist, dass auch das scheinbar schon Fertige, Abgeschlossene noch Wandlungen unterworfen sein wird. Er ahnt und hofft, dass selbst noch in seiner Ohnmacht, manche Dinge nicht ändern zu können, Gottes Geisteskraft lebt und wirkt, weil *„sie ihre Kraft in der Schwachheit erweist“* (2 Kor 12,9)

Selbst noch im Versagen bleibt Gottes Kraft gegenwärtig als das Erbarmen uneinholbarer Liebe. Und wenn sich noch so viele Ordnungen aufzulösen scheinen, bleibt Gott das Herz des Universums, das für jeden von uns schlägt, das uns umsorgt wie die Luft zum Atmen, wie Tag und Nacht und wie die Rhythmen der Jahreszeiten. Aus dieser Mitte, die allen Dingen ihr Wesen und in aller Vergänglichkeit doch immerwährende Gültigkeit schenkt, lebt unser Glaube an Gott; darin gründet unser Hoffen auf Auferstehung durch Jesus Christus: „*Denn in ihm wurde alles erschaffen … alles ist durch ihn und auf ihn hin geschaffen. Er ist vor aller Schöpfung, in ihm hat alles Bestand*“ (vgl. Kol 1,16–17). Deshalb können wir „*jeden Tag von einem Neubeginn zum nächsten gehen*“, wie Roger Schutz in Taizé oft den Jugendlichen sagte. Wir Christen sind Menschen des Aufbruchs, weil wir im Herzen Pilger sind.